문학과지성 시인선 **108**

붕붕거리는
추억의 한때

장석주 시집

문학과지성사

문학과지성사에서 펴낸 장석주의 시집

크고 헐렁헐렁한 바지(1996, 재판 2022)

문학과지성 시인선 108
붕붕거리는 추억의 한때

초판 1쇄 발행　1991년 10월 30일
재판 1쇄 발행　2022년　6월 27일

지　은　이　장석주
펴　낸　이　이광호
펴　낸　곳　㈜**문학과지성사**
등록번호　제1993-000098호
주　　　소　04034 서울 마포구 잔다리로7길 18(서교동 377-20)
전　　　화　02)338-7224
팩　　　스　02)323-4180(편집)　02)338-7221(영업)
전자우편　moonji@moonji.com
홈페이지　www.moonji.com

ⓒ 장석주, 2022. Printed in Seoul, Korea

ISBN 978-89-320-0515-7 03810

이 책의 판권은 지은이와 ㈜**문학과지성사**에 있습니다.
양측의 서면 동의 없는 무단 전재 및 복제를 금합니다.

문학과지성 시인선 108
붕붕거리는 추억의 한때

장석주

시인의 말

창공은 바람을 풀어 몇 마리 새를 날리고,
대지에는 헛되이 바람에 반응하는 철없는 풀들이 솟아
있고, 마른 땅에는 피 흘리는 법 없는 돌들이 구른다.
새들은 자유에 대한 인간의 욕망을 예시하고,
돌들은 세계의 침묵과 정지의 심리적 형상을
보여준다. 나는 창공의 바람을 힘껏 내 폐 안으로
끌어당기고, 대지를 두 발로 딛고 서며,
죽음의 영원한 부동성에 대해 증언하는 돌들을
조용히 응시한다. 온 우주에 시가 꽉 차 있다.
나는 시를 쓰지 않고, 시를 살아보고 싶다.
그것은 아주 요원한 일이다. 그것은 불행인가, 다행인가.
내 시적 사유는 그 불행과 행복 사이에 머물러 있다.
나는 불행하다. 나는 행복하다.

1991년 10월
장석주

붕붕거리는 추억의 한때

차례

시인의 말

기형도 시집을 읽는 오후   9

후생   10

오후에는 산성비가 내렸다   12

오후 3시에는 어디에나 행복이 없다   14

이제 사과를 먹을 수 없게 된다   16

아무것도 움켜쥘 수 없는 손을 가진 자를 위하여   19

갈색 빵을 위한 노래   21

악몽   23

죽음이 쉬지 않고 일하고 있다   26

죽음도 꽃 필 때를 알고 봉오리를 맺는다   29

군중이 거리를 꽉 메우고 행진하는 걸 보면
내 가슴은 알 수 없는 희망들로 붐빈다   30

누군가 괴로워하고 있다   31

저녁 풍경   33

저녁 소묘   35

어둠 속을 들여다본다   37

나비   39

35세의 얼굴에 새겨지는 슬픔에 관하여   41

희망   42

6월 하루   43

삶이 나를 속이는 것인가,
아니면 내가 속아주고 있는 것인가　45

한 여자에게서 꺼낸다　46

어머니는 우연히 몸을 굽히시리라　47

야유회　49

비　51

구두에 관하여　53

삶, 쓸쓸한 저쪽 1　55

총체적 난국의 세월 속에서　57

11월　59

바람　61

붕붕거리는 추억의 한때　62

이 복음을 어떻게 할까　63

낯선 도시에서의 길 찾기　65

골짜기　67

삶, 쓸쓸한 저쪽 2　69

소금　71

처음으로 꽃 피는 꽃나무를 노래함　72

봄눈　73

모래톱 1　76

모래톱 2　78

나뭇잎　80

요절자를 위한 노래　81

길 떠난 벗들 기리는 노래　85

운명론을 받아들이기엔 아직 이른 나이에　87

별리 시편　90

백치 같은 남자　91

개미야, 개미야, 종일 너는 얼마나 가니　92

사랑이여, 절망 없이는 너를 부르지 못하겠다　93
조악한 사랑을 위하여　95
삶, 쓸쓸한 저쪽 3　97
꽃나무　98
하품　99
아이를 씻기는 여자　100
꽃에 바치는 시　101
술 마시는 남자　102
봄날　104
10월　106
냉이꽃　109
무덤　111
꽃나무 밑에서의 입맞춤　112
서울에서의 편두통, 혹은 광주 생각하기　113
노래가 채 되지 못한 노래 1　116
공중에는 길이 없다, 아니 공중에는 길 아닌 데가 없다　117
노래가 채 되지 못한 노래 2　119
봄날 저녁의 잃어버림, 혹은 떨굼　121

산문
세라비 · 장석주　122

붕붕거리는 추억의 한때

일러두기

1. 이 책은 『붕붕거리는 추억의 한때』(문학과지성사, 1991)의 개정판이다.
2. 저자와 협의하여 몇몇 시의 제목 및 시어와 시행 등의 표현을 수정하였다.
3. 그 밖에 맞춤법과 외래어 표기는 현행 국립국어원 규정을 따랐고, 초판의 한자어는 한글로 옮겼다.

기형도 시집을 읽는 오후

하루 종일
가는 빗발들이 날개 달고 떠다닌다.

더 이상 가망이 없다고
막 중환자실을 나서는 환자 같은 하늘을
철없는 비둘기들이 연한 부리로 무심코 쪼고 있다.
절망한 것도 아니고
공연히 헛것에 홀린 것도 아니다.

세상에 딱 한 번 새로 오는 봄이
길 잘못 든 사람처럼
방범대원 없는 주택가 빈 골목길을 서성거린다.

지금은 죽은 자에 대한 기억으로 심란해지는 때,
완강한 죽음과 재의 차가운 시간을 딛고
무청에서 샛노란 움이 터오기 시작하는 때!

오후는 빠른 채무자의 발걸음으로 지나가버린다.
죽은 기형도의 시집을 덮는다.

후생

1

시월의 바닷가에 찍히는 물새 떼의 어지러운 발자국,
얼마나 하염없는가.
유리창에 와 꺾어지는 저 한 자락 햇빛에도
죽음의 기미는 숨어 있다.
시월의 식은 해가 지고
자꾸 죽음을 말하던 젊은 친구가 죽는다.
제목 없는 한낮의 짧은 꿈 위로
몇 날은 또 덧없는 그림자를 던지고,
서역의 모래바람 속을 가는 낙타들의 짐이 무거워진다.
낙타 무리를 따르는 사람의 후생이 무거워진다.
길을 잃고, 또 길을 찾는 것은
산 자의 할 일
그들이 당도한 마을에서 먹는 국밥이 따뜻하기를,
그 마을에서 자는 잠이 편안하기를

2

시월에 길은 있고, 또 길은 없다.
금생은 미혹이다, 미혹을 허물어
길을 만든다. 길은 어둠 속에서 수천 갈래로 갈라진다
허공에서 우는 봉두난발한 넋이 있어
이천 년 후에나 올 애인을 기다리며
흙이 되어, 바람이 되어, 강물이 되어
길을 헤매리라.
낮게 웅크리는 법을 배우지 못한 그대가 남긴 것은
무르팍에 몇 개의 아문 흉터,
부디 다음 생에서는 만나지 말자.
더 이상 덧날 상처는 만들지 말자.
흐르는 물 위에 쓴 편지를
몇 겁 뒤에 읽을 애인이여,
나는 이미 끊은 한 모금의 담배를 빨고,
남은 생을 주저 없이 어둠 속에 던진다.

오후에는 산성비가 내렸다

이게 웬 모래들이야
책갈피에서 쏟아져 내리는 모래들
숟가락 위로 흘러내리는 이 공허의 밥알들
하루 종일 비스듬히 누워 텔레비전을 본다.
오후에는
간혹 입속에 구르는 이빨 조각들을 뱉어내고
척추를 힘껏 거머쥐는
어떤 손아귀의 난폭한 힘.

창밖에 산성비가 내리고
참을 수 없어 나는 소리 지르네.
손에 들린 책은 벽에 부딪혀 떨어져 내리고
누가 나를 쥐어짜
한 방울 남은 따뜻함마저 쥐어짜
마른 귤처럼 말라비틀어지네.
생명의 부드러운 슬픔 잃고

당신 췌장에 이상이 생겼어,
의사는 내게 말하네.

살갗은 딱딱한 각질이 되고
추억엔 곰팡이 피고
피는 마른 모래가 되어
너무 쉽게 쏟아져 내리네.

안 돼, 박쥐우산이라도 받쳐줘,
거리에 꿈 없는 잠처럼 창궐하는 산성비.

악몽이라면
내 마른 혓바닥에 빗방울이라도 적셔줘.
잎 핀 나무라면
잎을 뜯어 온몸으로 피 흘리게 해줘.

나, 금의 혀를
입속 가득 물고 가네.

오후 3시에는 어디에나 행복이 없다

늦게 빈 식당에서 초조한 마음으로
혼자 밥 먹는다.
(누군가 종이를 씹고 있는 것 같다고 했다.)
밥을 먹는 게 아니라
내 안의 나태와 초조를 지울 뿐이다.
습관에서 자유롭지 못하다는 증거다.
아직도 나는 행복해질 거라는 나쁜 믿음을 가졌다.

생활은 완성되지 않는다,
도처에서 발견되는 초조와
욕망의 거품들을 지워야 할 때!
거창한 것들은 이제 그만
작은 것들에 대해 생각해볼 때!
거창함에 매달려
어떤 꽃을 피우리.
작고 시시한 것들을 더운 가슴으로 안고
꽃 피고 진 후
어떤 열매가 맺는가를 지켜보아야 하리.

실패와 성공의 꽃들,
사랑과 배반의 꽃들,
혐오와 연민의 꽃들,
껄끄러운 마음과 마음 사이 여백에 피는 꽃들,
견고한 도덕의 꽃들,

오, 불운하게 불운하게 함부로 피어나는 행복의 꽃들,
손 한번 못 써보고 당한 희망의 꽃들,

오후 3시에는 나쁜 믿음이 피운 꽃을 꺾는다,
나를 속이려 들었으므로.

마음의 사막에 외로움이 꽃핀다, 오후 3시엔
어디에나 행복이 없다.

이제 사과를 먹을 수 없게 된다

1

오래 잠이 오지 않는다.
식구들 잠든 뒤 방문 앞을 소리 없이 지나쳐
냉장고에서 사과를 꺼내 먹는다.

이 근본적인 부,
오염된 땅에서도 의연히 솟고
여름의 태양이 익힌 불후의 슬픔,
녹색과 노을과 암초의 단단함으로 익은
오, 굶주린 영혼의 굳고 청결한 도덕,

사과를 단숨에 깨물고 부수는 이빨을 가졌으니
내 쾌락은 크고
허기의 골짜기는 깊다.
서른다섯번째 봄밤의 이 무절제한
허기여.

2

어둠은 한 벌밖에 없는
나의 의복,
마른 목구멍에서 웬 나무 하나가 자란다.
내 몸에 매달리는
텅 빈 오늘들,

떨구기 위해 온몸을 흔든다.

오, 하찮은 인간의
넓은 바지통을 드나드는 바람이여,
지칠 줄 모르는
혀의 중얼거림이여,

한 입 한 입 사과를 베어 먹으며
나는 서두르지 않는다.

3

사과를 먹을 수 없게 된다는 것은
인생의 크나큰 상실!

아무것도 움켜쥘 수 없는 손을 가진 자를 위하여

우리는 죽은 자를 묻고
서둘러 산을 내려온다.
돌아갈 길이 바쁘기 때문이지.

하늘은 어깨 뒤에 있다.
우리가 땅속에 묻은 것은 무엇인가.
한 사람의 식어버린 몸,
죽은 피, 피의 검은 응고,
피가 굳으면 그는 아플 거야.
오, 그래 죽음은 딱딱한 거야.

비가 와,
비는 굳은 땅을 두드리고 간다.
죽은 자의 안부를 묻는 비여,
몇 움큼의 검은 모발,
식은 몸 어느 구석엔가 남아 있을 눈물들,

그는 추울 거야.
그는 큰곰 별자리를 보지 못하지.

그는 아무것도 움켜쥘 수 없는 손을 가졌지.
죽은 나무뿌리 같은
욕망과 꿈 때문에
내 이마가 차갑게 식는다.

비가 와,
꿈꿔라!

비는 머리카락을 적시고
이마로 흘러내린다.

꿈꿔라!
날렵한 고양이는 어디 있는가.
따뜻한 거!
살아 있는 거!

갈색 빵을 위한 노래

잘 구운 갈색 빵 속엔
짐승의 살찐 앞가슴과 같은
연하고 부드러운 땅의 감촉이 있다.

열이틀간의 비의 신선한 냄새와
하늘의 우울이 있다.

급하지 않게 허공을 더듬어가며
곡식의 알갱이를 익히던 바람과
밤의 차가운 적막이 있다.
5개월의 차가운 새벽 기운,
해 돋는 아침의 타오르는 기쁨이 있다.

잡초를 뽑고 흙을 북돋우던
농부의 무뚝뚝한 노동의 손,
수확의 손이 있다.

한 개의 잘 구운 갈색 빵 속엔
일곱 살 난 딸애의

첫 이빨 자국,
그 오랜 세월 단단한 견딤의 부서짐,
말랑말랑한 혀의 즐거움이 있다.

어둡고 뜨거운 식도,
지옥처럼 요동하는 위,
그리고 길고긴 터널의 여행이 있다.

빻아지는 고통을 넘어서서
불길의 고통을 넘어서서
태어나는 한 개 갈색의 빵.

혈관의 피가 되어
허파의 들숨과 날숨이 되어
노동하는 손의 억센 힘이 되어
오늘 굽는 한 개의 갈색 빵.

내일 구울 열 개의 갈색 빵.
모레 구울 천 개의 갈색 빵.

악몽

몸을 눕히기가 무섭게
잠에 든다.

봄은 어느 하늘 아래를 헤매는지
개구리 울어대는 땅엔
얼마나 많은 복사꽃이 분홍 구름으로 만개했는지

나는 잠의 헛구렁에 빠져
악몽을 꾼다.
깨고 나면
손에 움켜쥔 것을 놓아버린
이 막막한 상실감!

날이 새면
힘차게 팔다리를 흔들며
저 거리로
나아가야 한다.

사는 것이

발이 푹푹 꺼지는 느낌만 가득

어젯밤엔
바다를 헤엄쳐 건너는데
바다는 얕고 험한 돌들이 삐죽삐죽 솟아 있어
내 가슴은 긁히고 상처투성이가 되었다.

새벽엔
사람의 몸통에 늑대 머리를 가진 짐승이
팔다리가 포박된 채 살아보겠다고
누군가 던져준 닭을 물어뜯는다.

불쌍하구나, 사는 것
악몽 같은 것

죽은 어머니가 꿈에 자주 나타나
무슨 말인가를 할 듯 할 듯하다가
끝내 입을 열지 않고 돌아선다.

그제인가는
잎사귀 누렇게 변색된
병색 완연한 나무 한 그루 보이길래
뿌리째 뽑았더니
나무뿌리를 폐비닐들이 흰 독사처럼 칭칭 감고 있다.

아침 출근을 서두르는 동안에도
간밤의 악몽이 떨어지지 않는다.

지하 주차장에 내려가니
세차하여 세워놓은 자동차 위를
길고양이가 마구 돌아다닌 듯
흙발자국이 어지럽게 찍혀 있다.

누군가 내 삶에 찍는
난세의 어지러운 흔적이여.

죽음이 쉬지 않고 일하고 있다

비눗방울과 같은 시를 쓰며
술집에선 지나치게 큰 소리로 떠들고
밤에는 쉽게 쉽게 잠이 들었지.

차들은 과속으로 질주하고
아이들은 환절기 때마다 기침을 콩콩거리면서
밤마다 커가는 꿈을 꾸며 자주 놀라고
그동안 나는 턱없이 행복했지.

모래를 실어 나르는 강물이
강의 하단에 커다란 모래톱을 만들고,
오랜만에 만난 사람들 중에는
갑자기 하얗게 센 머리로 나타나 놀랐지.

누군가 젊은 나이에 황당하게 죽자
사람들은 대상 없는 분노와 슬픔 속에서
이상한 집단 패싸움을 벌이고 과음을 했지.

오후 내내

어디선가 가늘게 물 흐르는 소리 들리고
봄날은 마치 끝나지 않을 듯이
길고 지루하게 흘러갔네.
잘못 걸려온 전화 두 통,
늦게 혼자 먹은 점심,
복부 팽만감으로 찾은 내과 병원에서의 불친절한 진찰,
밤이 되자, 비가 왔네.

무거운 이마 기대면 창가에 어둠 밀려오고
가만히 귀 기울이면
길고양이들이 극성스럽게 울었지.
외로운 사람들 때문에 심야 영화는 매진되겠지.
길고양이들은 외롭겠지.

누가 임종의 괴로움을 견디고 있네.
목구멍까지 치밀어 오른 울음을 참느라
얼굴은 부풀고 이상하게 일그러졌네.

보라, 죽음이

쉬지 않고 일하고 있다!

죽음의 지칠 줄 모르는 노동력,
나는 배가 고프고, 갑자기 초조해졌네.

거울을 보네, 거울에 내가 없네.
다시 거울을 보네,
거울은 무섭네, 나는 거울에서 도망치네.
몇 걸음 못 가 거울에 붙잡히고 마네.

피고, 죽음에 의해 기소된
한 초라한 남자여,
끝내 떨쳐버릴 수 없는 절망이
날갯죽지를 꺾었네.

죽음도 꽃 필 때를 알고 봉오리를 맺는다

술 깬 아침,
흐린 거울에 비친 내 얼굴은
세계를 향하여 닫힌 문이다.

어떤 분노도, 욕망도, 희망도 없이
어떤 길도,
끝없던 목마름도 흔적만 남은 채
초췌한 얼굴로 떠올라 있을 때
막무가내로 삶이 두려워진다.

욕망의 썰물이 빠져나간 갯벌 같은 얼굴이여,
어둠 속에서 날던 새 떼가 추락한 황량한 땅이여,
너는 얼마나 많은 절망을 묻은 외로운 묘지인가.

너는 낡아빠진 내 신념의 개인사다.
너는 더 이상 부정할 수 없는 내 유죄의 증거다.
늙고 있다는 실감이, 자고 나면 새로운 내일이
무한정 기다리고 있지만은 않으리라,
그 두려움이 뒷덜미를 틀어잡는다.

군중이 거리를 꽉 메우고 행진하는 걸 보면 내 가슴은 알 수 없는 희망들로 붐빈다

화염이 삼키고 검게 그을린 뼈대만 남은 집들,
백골이 된 짐승의 휑하니 뚫린 눈구멍,
더는 초록 이파리를 피워내지 못하는 고목의 가지,
관 속 시체들의 발가락에 꽃이 핀다.

죽음은 움직이지 않는 것들 속에
뿌리를 박고,
잎을 피우고,
꽃봉오리를 피운다.

저렇게 커다란 움직임이라니!
저렇게 커다랗게 움직이는 꽃이라니!

누군가 괴로워하고 있다

그가 죽었다. 엉터리 소설 같았다.
거리에는 늘 뇌출혈로 죽은 사람보다
살아 있는 사람들이 더 많다.

심야 극장의 표를 사려는 사람들 머리 위
허공을
산성비의 붉은 혀들이 핥는다.

나는 몰랐다. 바보처럼 아무것도 모르고
정신착란의 땅을 두드리고 가는 비에 젖는다.
먼지와 죄송함과 저지르지 못한 죄,
그렇게 많은 죽음이
내 호주머니 속에 있을 줄이야.

길고양이 여럿이 어린 별처럼
어두운 그늘에서 운다.
배고픈 입처럼 열린 골목길을 돌아
늦은 밥집에서 식초가 뿌려진 음식을 먹는다.

빗줄기 속에서 택시를 잡기 위해 뛰는 동안
누군가 괴로워하고 있다.
괴로움으로 몇 그루 나무에서 꽃 핀다.

고통이라고 말하지 마,
봄은
죽은 자의 몸에 난 상처에 지나지 않아.

방향 없이 떠다니던 젖은 손 하나가
깃털처럼 가볍게
내 어깨를 짚는다.

저녁 풍경

하늘엔 철의 구름 몇 장
굴뚝에서 나온 검은 나무가 천천히 커지면서
구름을 삼키고
공중에 오래 머문다.

버스 정류장엔 광대뼈 번쩍이는 몇 사람이
날갯죽지를 접고 서 있다.

내장이 쏟아져 내린 저녁 거리에서
아차, 방심한 한순간
좌판에 쌓인 과일들이 구르듯
내 마음 분별없이 쏟아져 굴러간다.

터진 포대 자루에서 쏟아지는 어둠 속
가로등 불빛에 몰리는 멸강나방 떼,
저 하염없는 아우성 속에서
슬픔은 붉은 훈제 물고기처럼 말을 잃는다.

왠지 싫어,

이거 짐승 아냐,
난 모욕 받았어,

어둠의 끝을 향해 막무가내로 달려가는 마음
수습할 길 없어
길바닥에 털썩 주저앉는다.

저녁 소묘

압구정동 맥도날드 햄버거 가게 앞
국적 불명의 아이들 몇 명이 서서 웃고 떠든다
그들을 지나쳐 신문 가판대로 몇 걸음 더 걸어가
엽기적 사건이 실린 석간신문 한 장 사들고
저무는 한 해의 끝을 향해
급히 걷는다

잎 진 앙상한 가로수 사이에
해가 가까스로 걸려 있다
엽기적인 시대에도
해 지기 직전이 가장 밝다

시내버스 정류장엔 뇌가 없는 몇 사람이
버스를 기다리고 있다
그들은 우두커니 서서 오지 않을 구원을 기다리고 있다
버스는 재림 예수처럼 도착할까
그들은 초조해진다
그들은 너무 오래 기다렸다
기다림이 인생을 좀먹고 망가뜨렸다

그들의 평생은 기다림으로 얼룩져 있다

해 아주 떨어진 뒤
해는 어디 갔나
해 지기 직전의 밝음 뒤에 오는
전면적인 어둠,
사람들이 시든 푸성귀처럼 쇠락한다

어둠 속에 시내버스들이 돌진한다
어둠 속에 몇 사람 서 있다
몇 사람 속에
나도 끼여 서 있다

어둠 속을 들여다본다

아무 붙잡을 것 없는 허공에
가 닿은 내 눈길
재개발 지역 너머 강둑 위의 노을.

어깨를 미는
가벼운 바람조차 힘겹다.
날이 빠르게 어두워지고
단층집들에 불이 켜진다.

바람이 달려가는 허공이 울고
어둠은 굶주린 들쥐 떼처럼 달려든다.
추워 떨며
옷깃을 여미면
누군가 어둠 속에서 나를 부른다.
어둠 속에 서서
오래 어둠 속을 들여다본다.
누가 자꾸 나를 부른다.
난 갈 수 없는데
누가 자꾸 나를 부른다……

날 부르지 말라,
세상의 길들이여

길들은 어둠 속에서
하나의 세상을 이루고 있다.

나비

나비는 날아간다.
나비는 햇빛 속을 떠간다.
나비는 무게를 채 갖지 못한 가벼운 넋이다.
나비는 소리를 인멸하고 떠가는 한 점 정적이다.
세상이 시끄럽다고 말하지 않는다.
세상이 더럽다고 말하지 않는다.
세상이 힘들다고 하지 않는다.
나비는 날아간다.
최루탄 가스 자욱하게 퍼진 거리를 지나
땅거미 내린 어둔 땅을 지나
누군가의 버려진 무덤을 지나
가뭄으로 말라버린 강을 지나
나비는 날아간다.
나비는 햇빛 속을 떠간다.
혼자 날아가지만
혼자 가는 것은 아니다.
지렁이랑, 개미랑, 게랑, 펄 속의 조개랑,
별과, 유령과, 바람과
함께 간다.

도무지 남을 해칠 줄 모르는 것,
세속의 아우성을 고요로 제압하는 것,
나비는 날아간다.
맹목의 겨울이 오기까지
나래를 펴고
나래가 찢겨
어느 산정에서 숨질 때까지
나비는 날아간다.
이승의 한 점 슬픔으로
나비는 햇빛 속을 떠간다.

35세의 얼굴에 새겨지는 슬픔에 관하여

두 날개로 나는 새들은 어디로 가서 죽는가?

밤의 어둠은 떼 지어 어디로 사라지는가?

겨울의 황량한 대지에는 얼마나 많은 바람들이 엎드려 있는가?

어머니와 함께 나들잇길 나섰다가 손 놓친
아이처럼,

막막하게

얼굴은 대지의 슬픔에 대하여
더듬거리며 말한다.

희망

아직은 무책임과 배반의 사랑을
조금 더
조금만 더
허용하자

그래서 나중에
견뎌야 할 삶의 무거움을
조금 더
조금만 더
무겁게 하자

6월 하루

황사 며칠 동안 무력증에 시달리며
이를 악문다.
대체로 길들은 조용하다.

밤샘 끝 커피를 마실 때
수천 톤의 일광 속에 떠오르는
탈색한 풍경,

너는 고통에 대해서 어떻게 생각하는가.
너는 게으른 피에 대해서 어떻게 생각하는가.

잎사귀를 훑어내 공중에 뿌리는 바람의 힘줄,
골목길엔 주둥이 더러운 개 한 마리가 어슬렁거린다.

꽃잎이 떨어진다. 혼자 있고 싶다.
6월의 사생활이 들춰진다.
벗들과의 술자리를 피한다.

막무가내로 잎 피우고 싶어.

꽃도 피우고 싶어.
외로움을 지우는 꽃,
절벽과 개들을 지우는 꽃.

개들도, 절벽도 견딜 수 있겠지.
바람의 속도를 못 이겨
뒤집어지는 비닐우산,
낯선 얼굴이 꿈에 자꾸 나타난다.

견딜 수 있을까? 내 것 아닌 이 괴로움,
절벽과 무지개가 내장된 생활을.
슬픔 없는 배교자들이 시든 꽃가지를 들고
붉은 저녁 하늘 아래로 지나간다.

삶이 나를 속이는 것인가, 아니면 내가 속아주고 있는 것인가

추악과 연민의 사이로 난 길을 따라가다가
그림자 하나 있어서
거기 당신 계실 거라고
의심 없이 믿었지요.
그런데 헌 옷가지마냥 그림자 하나만 덩그러니 있을 뿐
당신이 없다는 걸 알았을 때
죽어버리고 싶은 가슴에
절망만 붐비며 거듭 휘황하게 꽃 피어났습니다.

삶, 오 내 헛된 어머니……

한 여자에게서 꺼낸다

나는 꺼낸다, 당신 가슴속에서
내 이름 아닌 누군가의 이름,
열 마리의 죽은 비둘기,
태어나지 못한 두 명의 아기,
유효기간이 지난 슬픔 다섯 개,
곰팡이가 핀 그리움 하나를

나는 꺼낸다, 당신 가슴속에서
서른세 번 속절없이 지나간 여름,
취해 잠든 열다섯 번의 밤,
한 번 실패한 연애,
구두 뒤축에 묻어온 바닷가의 모래알들,
언젠가 잃어버린 지갑,
빈 담뱃갑처럼 구겨서 버린 꿈,
인생의 텅 빔으로 괴로웠던 스물한 날들,
아니다, 아니다라고,
포기한 순간마다 삼킨 알약 같은 쓰디씀을

어머니는 우연히 몸을 굽히시리라

얼마나 많은 빗방울이 이 세상을 지나갔는가.
연인들처럼 쪽쪽 입 맞추며
지나가는 비, 비, 비……

숲에 계신 어머니는 우연히 몸을 굽히시리라.
날개를 털며 지나가는 바람 속에서
어머니는 듣는다, 공중을 흐르는 죽음을.
낮은 키로 선 나무들이 잠시 흔들리다 멈춘다.

숲은 수천만 개 반짝이는 눈동자를 가졌다.
숲이 날개를 푸드덕거릴 때마다
눈동자들은 땅에 떨어져 꽃으로 피어나고
공중 위로 솟아 새로 날아간다.

숲은 꽃을 낳고, 곤충을 낳고,
새를 낳고, 구름을 낳는다.

나는 관자놀이 가까이 놀고 있는
새 떼가 물어 나르는

어머니의 전언을 날마다 읽는다.

조악한 날개를 파닥이는 곤충들아
으슥한 그늘에서만 잘 자라는 은화식물들아
나는 산정에 서 있는 고사목들의 침묵을 번역한다.
내가 그 오래된 침묵을 번역하고 있는 동안
검은 구름엔 얼마나 많은 빗방울이 숨어 중력을 견디는가.

빗방울을 움켜쥔 어머니의 손에 힘이 빠지면
비가 내리리라, 죽음은
도처에서 무성하게 자라나리라.

물웅덩이를 종종걸음으로 건너가는 비, 비, 비,
첫 아침을 맞는 태아들의 눈을 뜨게 하는 비, 비, 비,

야유회

연탄들이 쌓인 뒤꼍에서 돌아와
공휴일엔 식구들과 강에 나간다.

여름 태양이 열 개쯤 떠올라 타오르고
온몸에 땀이 솟아 흐른다.
유원지의 흙바닥은 바짝 말라
흙먼지가 함성처럼 일어난다.

아이들을 배에 태우고 노를 저어
강 중간쯤 나아갔을 때
먼 산 능선들이 이마에 와 닿는다.

이상하게도 봄에는 뜻하지 않은 죽음들이
재산세 납세고지서처럼 날아들었다.
나는 잠시 무거운 머리를 뱃머리에 기댄다.
강가 유원지에서는 머릿속 젖은 책들을 말리며
다소 복잡한 생활은 뒷전으로 밀어놓고
허파꽈리 가득 기쁨의 산소를 채워야 하리.

새들이 물 위를 날 때
새의 날개를 군말 없이 받아주는 빨아 널은 듯
청결한 하늘이여.

조악한 본능이여, 손톱 밑의 까만 때여.
삶은 늘 그 밑에 있다.

철 지난 유원지 매점에서 산 기념 타월은 낡고
내 정신과 목표가 촛농을 떨구며 줄어갈 때
내 예술과 오락이 확보하는 몇 점의 고요는
다만 물 흐르는 소리로 명맥을 유지한다.

오늘 하루는 물에 의탁된 것,
야유회가 끝에 다가갈수록
아이들은 땡볕에 익어 토마토처럼 빨갛다.

붉은 구름 떼가 이동하는 서울 외곽의
늦은 하오
우리는 돌아가기 위하여 서둘러 짐을 챙긴다.

비

검은 구름장들이 하늘을 장악하더니
후두둑 후두둑
이내 굵은 빗발들이 땅에 꽂힌다
매캐하게 피어오르는 흙 비린내
하늘의 한쪽을 찢고 떨어지는 낙뢰
땅을 두드리는 비의 포효

홈통으로 굴러떨어지는 빗물
하수관을 통과해 가는 흙탕물들

세상의 길들을 지워버릴 듯
비여, 네 과격함이 필경 저항을 부르리라

비가 감옥을 만든다
연약한 풀들은 땅바닥에 질질 끌린다
길짐승들이 굴속으로 숨는다
앞이 보이지 않는다
어떤 전망도 허용되지 않는다
빗줄기 사이 풍경만 있다

풍경은 은유다
폭압의 시대에는 은유가 발달한다

빗발에 가려
갈 길 보이지 않을 때
처마 밑에 무뇌 인간으로 서서
본다, 헛되이 열린 동공으로

빗줄기여
빗줄기여

구두에 관하여

내 신발은
늙은 소의 가죽을 잘라 만든 것,

내가 걸어 다닌 길들의 역사,
내 육체가 오래 길들인 애인,
일몰에 저 혼자 외로운 추락의 왕자,

구두가 어느 날 갑자기 무거워진다.
문 앞에 웅크려 앉아 있는
헐벗은 개 한 마리,
세상을 비관하지는 않았다.

구두는 불안한 바람을 딛고, 기우뚱
구두는 이동하는 구름을 딛고, 기우뚱
구두는 더러운 진창과 공중 화장실을 다녀오고,
길의 오물도 밟는다.

구두는 무겁다, 구두 뒤축은 닳고
구두는 내 걸음걸이의 오랜 습관을 증언한다.

한밤중의 빈 구두는 말이 없다.
침묵 속에 숨은
한숨과 비명 소리를 듣는다.

저토록 낡은 구두는
비천하다, 삶도 저와 다를 바 없다.
시간은 질기고 뻣뻣한 것을 부드럽게 길들인다.
굴종의 편안함이여,
헛된 욕망의 끝없음이여
그러나, 언제까지
굴종 속에 웅크리고만 있겠는가.

이미 육체의 일부가 되어버린 낡은 구두여,
내 몸도 낡고 닳아가고
내 걸음걸이는 가끔 기우뚱거린다.

삶, 쓸쓸한 저쪽 1

바람이 잠시 고개를 들이밀었다가 아차,
낭패한 기색이 되어 되돌아 나가는
골목 끝 문패도 없는 집에 사는 누이여.

골목길에 첫발을 내디디면
이름 붙일 수 없는
쓸쓸함, 혹은 더러움이여.

지금은 체념과 포기를 배워도 좋으리.

깨진 연탄재 속에서 고개를 내민 빈 코카콜라 병 같은
매제여, 늘 큰돈 벌 수 있다고 큰소리치는
자네 말의 허황과 과장이 나를 슬프게 한다.
하지만 그쯤은 불쾌한 것이 아니다.

길가 고무 다라이 속엔 불에 끄슬려 죽은 개와
그늘 아래 어슬렁거리는 검은 고양이여,
너희는 연탄재를 뒤집어쓴 선승인가.

고함 소리 속에서 사내애들은 키만 자라고
아무 데나 엉덩이를 까고 오줌 누는 계집애들은 나날이 영리해진다.
너희가 부끄러움을 하나씩 배워갈 때
너희가 가야 할 때론 숨찰 저 길,
먼지와 비닐을 몰고 회오리바람이 일어나며
순식간에 모든 걸 쓸어버린다.

총체적 난국의 세월 속에서

약속 없는 점심
혼자 짜장면을 한 그릇 비우고 들어온다.
어떻게 살아야 하나,
가로수의 낙엽들이 날린다.
금방 도착한 석간의 행간마다 웅크린 어둠에서
'총체적 난국'의 한 징후를 냄새 맡는다.

어떻게 살아야 하나,
짜장면과 함께 먹은 양파 냄새가 진동하는데,
스산하여라, 근심 속에서
한세상이 꽃 피고 진다.

보라, 낮은 짧고
어둠은 쉽게 내린다.

철문은 녹이 슬고,
문 위에 일렁이던 햇빛은 감쪽같이 사라진다.
펄 속에서 물고기가 아가미를 벌렁거린다.
내가 지고 가는 짐, 세월이 너무 무겁다.

세상을 알 만큼 안 뒤
몸에게 먼저 기척하는 늙음이여.

사후의 바람 속을 거슬러 나는 한 떼의 새들,
성냥개비 끝에 묻은 유황 같다.
새들이 발화성 씨앗을 물고 난다.

11월

이미 떠난 사람 다시 떠난다
차마 떠나지 못한 사람 결국 떠난다

등불은 야위고
저 들에 바람은 사나워지리
빈 들에 지는 잎새마다
노을이 뚝, 뚝, 진다

치과 병원에서의 기다림은 무통성이다
하지만 기다림엔 통증이 따른다
치아 몇 개를 뽑고
어떤 삶도 무통분만이 아님을 알아버린 그대

구릉 너머로 백주의 빛 사라진다
황토 언덕 키 낮은 소나무의 그림자가 길어진다

새로 오는 저녁은 전무후무한 저녁이다
일체의 약속을 취소하면
돌연 그대의 삶은 가벼워지리

모과나무가 잎새를 떨구고
빈 몸 될 때
희망으로 암담해지는 그대
덧없는 창을 닫자
세계가 완벽한 어둠 속에 머물게 하자

이미 세상 버린 사람
다시 세상 버린다
차마 세상 버리지 못한 사람 결국 세상 버린다

바람

바람은 저 나무를 흔들며 가고
난 살고 싶었네
길들 몇 개가 내 앞에 있었지만
까닭 없이 난 몹시 외로웠네

거리엔 영원불멸의 아이들이 자전거를 달리고
하늘엔 한 해의 마른풀들이 떠가네
열매를 상하게 하던 벌레들은 땅 밑에 잠들고
먼 길 떠날 채비하는 제비들은 시끄러웠네

거리엔 사람들의 바쁜 발길과 웃음소리
뜻 없는 거리에서 돌아와 난 마른 꽃같이 잠드네
밤엔 꿈 없는 잠에서 깨어나
달빛 흩어진 흰 뜰을 그림자 밟고 서성이네

여름의 키 작은 채송화가 시들면
난 부칠 곳 없는 편지만 자꾸 쓰네
바람은 저 나무를 흔들며 가고
난 살고 싶었네

붕붕거리는 추억의 한때

　세상에서 내가 본 것은 아픈 사람과 아프지 않은 사람들,
　　살아 있는 자의 끝없는 괴로움과
　　죽은 자의 단단한 침묵들,
　　새벽하늘에 떠가는 회색의 찢긴 구름 몇 장,
　　공복과 쓰린 위,
　　어느 날 찾아오는 죽음뿐이다

　　말하라 붕붕거리는 추억이여
　　왜 어떤 여자는 웃고
　　어떤 여자는 울고 있는가
　　왜 햇빛은 그렇게도 쏟아져 내리고
　　흰 길 위에 검은 개는 어슬렁거리는가
　　구두 뒷굽은 왜 빨리 닳는가
　　아무 말도 않고 끊는 전화는 왜 자주 걸려 오는가
　　왜 늙은 사람은 배드민턴을 치고
　　공원의 비둘기 떼는 왜 한꺼번에 공중으로 날아오르는가

이 복음을 어떻게 할까

덜 깬 눈을 비비며
문 앞의 조간신문을 집어 든다

신문 갈피 속에 끼어 있던
광고 전단들이 우수수 쏟아진다
백화점 송년 세일 판매, 입시 전문 학원의 방학 특강,
 전집물 재고 처리, 피자헛 주문 배달, 동해안 리조텔
분양 광고 전단……
 손에 들린 이 복음을 어떻게 할까

나는 망설인다, 아트지에 아름다운 색채로 인쇄된
삶을 풍요롭게 해주겠다는
이 복음을 쓰레기통에 던져 넣는 일을

사람들은 낭비해서는 안 될 것을
쉽게 낭비한다

사랑한다고 속삭이면서 욕망의 명령에 따라
구겨버리고, 찢어버리고, 여지없이 버리지

버려진 종이들로 세상은 차고 넘친다
사람조차 일회용 소모품이야
우리 시대의 무서운 낭비벽에
나는 절망한다, 오, 종이들이여

마침내 너희들을 버리기로 한다
오, 종이를 한꺼번에 쓰레기통에 집어 던진다
공처럼 뭉쳐서 농구 선수를 흉내 내며
종이는 공장에서 질 낮은 종이로 재생되어
다시 내 앞에 나타나겠지
그러나 오늘은 버리지 않으면 안 된다

나는 조간신문에 끼어 배달된
복음을 쓰레기통에 던져 버린다

낯선 도시에서의 길 찾기

낯선 도시 낯선 길 끝에서
계집애를 만난 것은 우연이다

날갯죽지를 축 늘어뜨린 채 서 있는
계집애의 등 뒤로
한낮 내내 붉은 채찍질을 해대던 해가 성급하게 기울고
둔덕 너머로 뻗어 있는 검붉은 길은
야트막한 잡목 숲에 가려져 있다

옷자락 끝을 붙잡고 있는 바람을 뿌리치고
몸 돌려 그 길로 들어서려고 했다

그러자 계집애가 쪼르르 달려와서 말한다
— 그쪽엔 길이 없는데요

검붉은 길 쪽으로 열린 내 귀에
바람들이 회오리치는 길 저 끝에서
알 수 없는 웅얼거림이 끝없이 들려온다
— 아냐, 나는 그 길을 가지 않으면 안 돼

등 뒤로 걸어온 길들이 뻗어 있다
소실점으로 멀어지는 길 양편으로
길은 커다란 날개를 펼치고 있다
어디론가 날아가려는가

어둠이 커다란 날개처럼 길 위로 내려 덮이자
길은 조용히 날개를 퍼득거린다

낯선 도시에서의 길 찾기에는
언뜻 누군가의 삶이 스쳐 지나간다
내게 길을 가르쳐주던 계집애는 사라지고 없다

어디로 갔는가, 이상하게 낯익은 낯설음 속
방향 표지판 아래에서
나는 다시 길 잃는다

골짜기

땅에 납작하니 엎더 있는 빈집들.

사람 그림자 사라진 지 오래인

골짜기. 아, 날개라도 솟았으면,

짐승의 늘어뜨린 혀 같은 겨울 잔광

잠시 머물다 가면, 이내

몸피 작은 들짐승처럼 우우 몰려와 수런거리는 어둠.

어둠은 돌을 낳고

돌은 빛을 낳으리.

또 그렇게 또 다른 날이 밝으리,

미명을 부리로 쪼아 잘게 부수고

삭아 내려앉은 집과 나무들 우듬지 사이를

가랑잎 같은 참새들은 포르릉거리리.

삶, 쓸쓸한 저쪽 2

1

이 치욕을 더 이상 견딜 수 없어요
늦기 전에 떠나겠어요
부디 날 용서하지 말아요
어쩔 수 없었어,라고
변명 따위는 거절하겠어요
이것이 인생이라고요? 참 우습군요
이제 끝났어요, 더 이상
누구도 안 돼,라고 할 수 없어요

난 붉은 태반 같은 극채색이어요
난 모래톱에 고요히 스미는 물이에요
난 오후 네 시 잘 닦인 유리창으로 찰랑이며
넘어오는 햇빛이어요

2

전두엽이 절제된 백치의
서른여섯 살이 지나가고 있다

속눈썹 젖은 눈과
굽은 걸 탓할 이유조차 잃어버린 네 다리,
짐을 진 낙타와 같이,

태양이 달군 사막의 길 없는 길을
묵묵히 지나가고 있다

소금

물질화한꿈의결정

물의변명물의진실

장례잉걸불

태양의목마름

옥고

물의내면에숨은보석

꿈꾸지않는것들의이름

무無를거부하는노작

처음으로 꽃 피는 꽃나무를 노래함

사랑하는 이들에게 이 봄은 세상에 처음 오는 봄이다.

당신을 만난 것이 꿈만 같다고,

기막힌 우연 같은 필연이라고,

오늘 양모보다 더 가벼운 빗발들이 협죽도 위에 이슬로 맺힌다.

비 그치고 나면 봄은 우리 사랑 기려 우주 속에 상형문자를 새겨놓으리.

사랑은 땅에 새로 돋는 초록 순들이다!

사랑은 이 봄비 그친 하늘에 홀연히 반원 그리며 떠오른 무지개다!

사랑은 가슴속 벅찬 기쁨으로 벙근 꽃떨기다!

사랑하는 이들에게 꽃들은 세상에 처음으로 피는 꽃이다.

봄눈

1

이것은 애꾸눈이다,
잘라도 잘라도 자라나는 도마뱀 꼬리다,
달의 하늘을 유영하는 물고기다,
물밑에 고요히 가라앉은 지난해의 가랑잎들이다,

애꾸눈의 세상이다,
도마뱀 꼬리처럼 토막토막 잘라진 나날이다,
단청 밑으론 달의 하늘
한사코 물속 지느러미 없는 물고기다,
물밑에 쌓인 갈색의 가랑잎들이다,
이것은 허망한 손짓,
하염없이 지는 혼령들,
탈색된 사랑,

2

어디 늦게 일어나는 여자가 있는가?
지난밤 어지러웠다,
간밤의 술은 좀처럼 깨지 않는다,
술 덜 깬 눈에 세상이 어질머리를 일으키며 다가온다,
탄소 가슴에 싸라기눈이 온다,

천방지축 공중을 휘저으며 내리는 싸라기눈을
본다, 막 태어난 아기의 분홍 발톱 같은
눈이, 지난해의 능금들이 뒹구는 대지 위에 내린다,

표독한 고양이처럼 당돌하게 뛰어내린다, 봄눈
창백한 죽음들을 위로하리라, 봄눈
내 손바닥에서 녹아 한 방울 물이 되고 만다, 봄눈
너는 성욕이다,
아직 부화하지 않은 새다,
그리운 여자의 몸뚱이다,

나는 너를 키우고
너는 눈물을 키운다,
고궁 한구석의 연못가에 웅크리고
물밑에 가라앉은
지난해의 잎사귀들을 본다,
투명한 물 위에 한 남자의 초라한 그림자가 뜨고
남자의 검은 머리 위에
그해 마지막 눈이 될지도 모를 싸라기눈이 하얗다

모래톱 1

아버지는 더 이상 꽃을 피우지 않는다
어머니는 더 이상 벌과 나비들을 기르지 않는다
아버지는 고목과 같이 봄이 와도 움쩍도 않는다
당뇨와 백태로 어두워진 눈의 땅이여,
네 비옥함은 황폐해지리, 그것은 오래된 추억일 뿐
너는 꽃 피우지 않는 아버지,
벌 나비들을 기르지 않는 어머니를 마침내 거두리라
……모래톱
지느러미 달린 햇빛은 물결치며 흐르고
강안의 나무들은 고개 숙여 제 고요한 그림자를 떨어뜨린다
정오 지나 물은 밀려와 불안한 몸통을 뒤척이고
떼 지어 날아온 철새는 조개들을 톡, 톡 쪼고 배 부르자
땅을 박차고 무한 천공 하늘로 솟아오른다
철새가 파먹고 버린 빈 조개껍데기들과
철새가 날아오르며 버린 발자국들의 숫자나
하나, 둘, 세며 세월을 보낸다
여름 지나자 햇빛은 눈에 띄게 수척해지고
보다 냉정해진 물은 상류에서

마른 풀잎과 활엽수의 잎사귀들을 실어 나른다
자주 나가던 모래톱도 시들해져
방구석에서 산림 감시원 아들인 마야코프스키의 시집을 읽는다
내가 시집을 읽는 동안
물은 모래를 실어와 새 모래톱을 만들고
버릴 것들을 버리고 더 견고해진 세계를 오, 나는 눈치챘다
붉은 포도주 빛깔의 태양이 아, 아, 아, 소리치며 서쪽으로 사라진다
나는 날 저문 뒤 개암나무 몇 점의 열매를 따내려
늙은 어머니의 저녁 식사를 차려드릴 것이다
모래톱…… 물은 저 숱한 모래알들을 긴 세월 동안 운반해와
하나의 이름을 이루었으리
보라, 저문 뒤 아버지가 홀로 만드신 모래톱
언젠가 여길 떠난 뒤에도 기억하리
흰 발목 휘감고 도는 푸른 물과
끝없이 하얀 모래톱을

모래톱 2

사람의 뇌가 붙잡은 기억의 양이란 얼마나 하찮은가.
번잡한 잎사귀들을 떨구고
빈 몸으로 해탈에 드는 나무랑
햇빛에 잘 닦인 두개골과 흰 뼈랑
물새 떼가 버리고 간 발자국이랑
어머니와 아버지가 함께 사시는 곳
모래톱…… 늙음에 대한 예감이 짙어질 때 찾아가리라.
구름은 해를 밀며 가고
모래를 실어온 물이 숨 돌려 쉬는 곳
지금은 추억만으로도 벅찬 때
얼마나 많은 길을 버려야 얻을 수 있는가.

걸어온 길과
앞으로 걸어갈 길 사이에
침묵, 혹은 어슴푸레한 빛
기억의 저편에도 해가 떴다 지고
물은 밀려왔다 밀려간다.
별들이 스산한 어둠을 밀어내고 눈을 뜬다.

새는 물 위에 제 그림자를 떨어뜨리며 날아간다.

새의 울음소리가 물방울처럼 떠올랐다가 이내 터져버린다.

푸른 물이 흰 발목을 감고 흐른다.

나뭇잎

참 용케도 견뎌왔구나,
눈 많았던 지난겨울의 바람도, 추위도
너를 어쩌지는 못했구나.

나뭇가지에 대롱대롱 매달린 지난해의
잎사귀
하나,

바람 한 점 없는데
홀연히 빈 가지를 버리고
연못 위에 떨어져 내린다,

물 위에 잠깐 번지다 마는
파문

요절자를 위한 노래

1

날 그냥 놔두라,
날 건드리지 마라,
화석이 된 증오는 깨우지 마라,
가슴에 묻은 피 묻은 약속은 들추지 마라,

2

쓸쓸하게 기울이던 쓴 독주들이여, 위로해다오
기억하마, 구릉과 황혼이 주던 위안을,
세계의 지붕 위에 무책임하게 아름답던
3월에 내리던 눈발을,

칭얼대는 어린애에게 젖을 물리는 산모를,
창마다 불빛을 밝히고 섰는 저녁의 집을,

처음부터 잘못 들어선 길인 줄 알면서도

끝까지 갈 수밖에 없었던 막막함을,

나는 오래 불운했었다,
기억하마,
불운이 없었다면 삶은 얼마나 가벼웠을까,

3

매화꽃 그늘에서 밤 고양이들이 운다.
송신탑 어깨 근처 하늘에
뜬 달이 아주 조그맣다.
나는 유리의 안쪽에서 어둠을 바라보고 있다.
실은 아무것도 보이지 않는다.
우주 끝에 교신을 하고 싶은 누군가가 있어
내게 보내는 무슨 알 수 없는 신호만
빈 허공을 울릴 뿐.

구름이 달을 먹어 치우고,

빗발들이 밤의 어둠에 흠집을 낸다.
오늘 밤 덜컹거리는 세계의 창문들은 그대로 두라.

저 얼어붙은 대기가
희고 붉은 그토록 많은 꽃들을
감추고 있으리라고는 상상할 수 없다.
아직 꽃망울을 터뜨리지도 못한 채
싸늘한 대기 속에 고개를 내민 개나리, 매화, 목련 들,
인생이란 공금 횡령자의 형편보다 더 낫지 않겠지.
누구나 한 마리 새가 될 수는 없겠지.
때로 탄식과 위안이 필요한 법이지.
사는 것을 배우려고 했는데
죽는 법을 배우고 있었다니!

악을 쓰며 유행가를 부른 뒤에
소주를 마신다.
노래가 되기 전의 왁자지껄한 소음 속에,
만취의 자기 방기 속에,
나 자신을 송두리째 놓아버리면 자유로워질까?

속물이라고? 욕망은 철거가 예정된
빈집 관리인에 지나지 않는다,

오래 살면 몸에서는 악취가 난다.
죄의 냄새다.

4

꽃 피면,
붉은 깃발처럼 쓰러지리.
꽃 피면,
요절하리.

길 떠난 벗들 기리는 노래

1

서둘러 길 떠난
벗들 두엇
이제 실수처럼 그들의 안부를 묻지 않으리.
빈 대추나무 밑에 떨어진 붉은 열매 두엇
간혹 발견되는 흔적들.
그들이 적막 속에 벗어놓은 신발 몇 켤레.

― 그들이 어디로 떠나갔는지,
　그곳 너무 멀고 깊어 알 수 없다

2

막 달이 지고
죽은 개펄 싸늘히 드러나는 썰물 때,

복사꽃 피어난 듯

천지에 자욱한 눈보라,
저 우주 무한 천공을 뚫고 오는 눈보라,
고개 깊이 머리박고
지금 건너오는 새벽의 사람 있다!

운명론을 받아들이기엔 아직 이른 나이에

1

예정되었던 일이야,
벚나무 가지를 부러뜨려봐도*
그 속엔 봄도 벚꽃도 없네,

2

예정되었던 일이야, 언 물이 풀리고
예정되었던 일이야, 죽은 꽃나무들은 각혈처럼 붉은 꽃망울을 터뜨리고
예정되었던 일이야, 만삭의 여자가 해산을 하고
예정되었던 일이야, 갓 태어난 송아지가 기우뚱 균형을 잡고 일어나 뛰어다니고
예정되었던 일이야, 어떤 사람이 어느 날 느닷없이 죽고

3

　며칠째 눈발이 날리고, 바람이 불고, 어둡고 적막한 날들이 이어졌네,
　카페 채플린의 홍보용 성냥갑 속의 성냥들은 아무 일도 없었네,
　수요일 오후에는 근처 서점에 나가 새 책들을 구경하는 습관도 여전했네,
　그동안 소식 없던 여성지 편집장 하던 친구가 간암으로 세상 작파해버리고,
　일주기 때맞춰 유고 시집 내달라고 친구 동생이 시 원고 뭉치를 들고 찾아왔네,
　죽은 자는 몇 편의 시에서 산 자의 고통과 절망에 대해 말하네,
　죽은 자는 몇 장의 흑백사진 속에서 희미하게 웃고 있네,
　어쩌면 억울했을 죽음을 수락하고 차분히 주변 정리했다는
　그의 생애 마지막 날을 듣는 이른 봄날의 어둡고 허전

한 오후,

    누군가 길 밖에서 발 헛딛고 넘어지네.

* "벚나무 가지를 부러뜨려봐도"는 일본 선승禪僧 잇큐(1394~ 1481)의 선시禪詩로 알려져 있다. 잇큐는 26세 되던 봄 까마귀의 울음소리를 듣고 문득 깨달음을 얻었다고 한다.

별리 시편

햇빛이 좋은 날들에 대해 감사한다,
봄마다 분별없이 피어나던 꽃들도 고마웠다,
뜰 한 켠에서 기지개 켜는 나무들에게
나와는 끝끝내 무관하던 암벽에게
저 아름드리 느티나무 뿌리에게
안녕이라고 인사를 건네마.

너의 등 뒤에 던진 비난하던 나의 말이
진심이 아니었다,고
변명한들 네 무너진 마음의
성벽을 어떻게 보수할까,

이 세상에 와서 나는 혼자 살았던 게 아니었구나,
나 떠난 뒤에도 밀려오고 밀려갈 물결,
땅에 드리워지던 늙은 소의 그림자,
내가 사랑하던 달빛과, 달빛 아래 철없는 염소들,
나를 버리고 돌아서던 너의 야윈 등짝,

백치 같은 남자

세상을 흔들어놓겠다는 야심이라도 품었나,
강아지나 참새 같은 것,
이 세상의 아주 조그마한 것들이나 사랑했는데,

언제 영웅이 되어 깃발이라도 꽂을 꿈이라도 꿨었나,
해와 달과 산과 나무야 고맙다, 고맙다, 하며
키 작은 아내와 애 두엇 낳고 사는 걸
커다란 보람으로 여겼을 뿐인데,

봄 되면 구름처럼 일어나는 저 꽃과
꽃 속에서 잉잉대며 꿀을 모으는 벌들과
수풀 속에 하얀 알을 여러 개 낳는 작은 새와
저녁이면 문설주에 이마를 대고 누군가를 기다리며
바보처럼 살아갈 사람인데,
이 세상을 꽃밭 삼아 한 세월 보냈을
백치 같은 사람인데,

개미야, 개미야, 종일 너는 얼마나 가니

백색 광선으로 들끓는 여름 한낮을
개미들이 기어가고 있다

쉬지 않고 기어서
기어이 가야 할 곳이 있다면,

교묘한 뱀들아, 위풍당당한 수탉과 재빠른 쥐들아
두꺼비들아, 매음하는 개들아,

나는 세상의 방관자가 아냐,

사랑이여, 절망 없이는 너를 부르지 못하겠다

마른버짐 번지듯 꽃들이 마구 피어난다.
저 꽃들은 사랑이 아니라 치정이다!
어째 꽃에게서 비릿한 냄새가 진동할까?

도시 근교 강가에 선 호텔들은 붐빈다,
꽃마다 벌 나비들이 꼬이듯.

산 아래 강물은 번쩍이며 흐르고
오리 배를 타고 까르륵 웃는 아이들,
그 아이들 데리고 은하수를 건너는 사람들,
그 시각 서로의 몸을 짐승처럼 핥으며,
슬픈 소리를 내며 울 때
진절머리를 치며 서로에게서 떨어질 때
사랑은 치욕의 문신을 남기는 전쟁이다!
그들도 태초엔
처음 태어난 별이었으리.

사랑이여, 절망 없이는
너의 이름을 부를 수 없구나,

꽃들은 여전히 정욕 냄새를 풍기고,
이 시대의 사랑은 영원한 미제 사건이다!

조악한 사랑을 위하여

사랑은 없고 치정만 남은
사랑은 없고 사랑의 찌꺼기만 남은

사랑이여, 저 아득한 꿈결이여
이 시대 영구 미제 사건이여!

별의 잔해를 손에 들고
저 벤치에 종일 앉아 있는 저 남자,

사랑이 끝나자
그의 눈동자에서 빛은 사라진다.

그가 꿈꾼 것은 석류나무같이
한 그루 아름다운 사랑이 아니다.

끝난 사랑이여,
다시 돌아오라,

유리같이 깨지는 사랑,

돌아서 뒤통수를 치는 치사한 사랑,
변명과 거짓말로 얼룩진 비루한 사랑,
작고 조악한 사랑이라도 좋다!

삶, 쓸쓸한 저쪽 3

잡문 따위나 끼적이며
사는 것

지루하고 따분하다,
머리 위로
길게 굽이치는 햇빛……

뜻 없는 방뇨……

길고 긴 하품……

꽃나무

온몸이 가려워 밤새도록 손톱을 세워 긁는다.
온몸을 휘감고 있는
아, 이토록 진절머리 쳐지는 가려움증.

밤새도록 온몸에 비늘 돋혀
날 새면 기어가는 뱀이나 될거나,

밤새도록 온몸 붉게 붉게
피딱지 같은 꽃송이를 푸짐하게 피우는 썩은 나무등걸 될거나

하품

몸속에 환멸이라는
짐승 한 마리,

똬리를 튼 뱀

배고플 때마다 헛구렁 같은
아가리를
쩍,
쩍,
벌리지요.

아이를 씻기는 여자

몸부림치는 아이를 붙잡고 씻기는 여자,
죄라도 씻어낼 듯 씻기는 일에 열심인 여자,
아이의 살갗이 벌겋게 되도록 씻기는 여자,
아이의 버둥거리는 팔다리를 제압하고 씻기는 여자,
아이가 울거나 말거나 무시하고 씻기는 여자,
아이 얼굴을 씻겨 기어코 청결하게 만드는 여자,
손등에 핏줄이 돋아 있는 여자,
이웃들이 손가락질하는 걸 모르는 여자,
아이를 씻길 때면 숭고해지는 여자,
아이를 다 씻기고 만족하게 웃는 여자,

일몰은 많은 풍경을 품고 있다
그 풍경 중에서 내가 가장 좋아하는 것은
아이를 씻기는 여자가 있는 풍경이다

꽃에 바치는 시

뿌리가 닿은 곳은
메마른 흙의
가장 깊고 어두운 시절이다.

흙 속에 길 찾지 못한 죽음들
흙 속에 주체할 수 없는 욕정들
흙 속에 죄 많은 혼령들
흙 속에 나쁜 욕망들

저렇게 많은 꽃들이
세상의 가장 깊은 곳
죽음과
욕정과
혼령을 품고
피어난 것이라고
누가 믿을 수 있을까.

술 마시는 남자

다치기 쉬운 마음을 가진 사람들과
술을 마시네

취한 목소리는 공허하게 부풀고
그들은 과장되게
분노를 하고
욕을 퍼붓네

욕은 마음 빈 곳에 고인 고름,
썩어가는 환부,
보이지 않는 상처 한 군데쯤 가졌을
그들에게 위안이었으면 좋겠네

맹렬히 욕을 하는 그대,
취해서 충분히 인간적인 그대,
그대는 마음에 숨어 있던 죄의 씨앗들
모조리 밖으로 터져 나와
마음이 한결 가벼워지면 좋겠네

새벽 숫눈 위에
발자국을 찍으며 돌아오는 길,

술 깬 아침이면
벌써 후회가 밀려오네

그렇다 할지라도 맘껏 욕할 수 있던
간밤의 자유는
얼마나 행복한 것이냐

봄날

민망해라, 땅의 어디에
저렇게 엄청난 성욕이 숨어 있었을까

더는 못 견디겠다는 듯
분홍색 구름을 마구 분출하는
저 복사꽃을 보라!

세상이 다 환해진다,
생육하고 번성하는 일에 일념인
저 복사꽃을 보라!

내 감각을 생생하게 문질러대는
복사꽃,
복사꽃,
복사꽃,
복사꽃,

복사꽃 지면
봄도 끝,

물속에 물고기도, 모래들도 잘 있을 거야.

물고기는 잔다,
잔다,
잔다,
잔다,
잔다,

10월

1

10월이야,
누군가 귓가에 가만히 속삭인다

해 저문 뒤
저 혼자 모래성을 쌓다가 허물고 다시 쌓던
아이마저 돌아가면
바다는 저 혼자 저문다
물새 떼의 발자국들을 하나씩 지워가며
파도는 추억 많은 여자처럼
저 혼자 영원히 뒤척거림을 되풀이한다
10월이 되면 잠 못 드는 밤이
부쩍 많아진다

2

세상의 어떤 문들은

끝내 열려진 채로 있고
세상의 어떤 문들은
한번 닫힌 뒤엔 영원히 열리지 않는다

어떤 편지는 씌어지지 않은 채
부쳐지고
어떤 편지는 수취인 불명으로 되돌아온다

3

눈먼 비들이 발목 시렵다고
허공에서 캄캄히 소리친다

가랑잎 밟으며 가는
눈먼 비의 뒷모습을 쫓다가 그만둔다

부질없다, 부질없다,
고성의 벽에 자라는 푸른 이끼들을

그것이 오랜 지병과 같은 슬픔이라 한들
난 어쩌지 못한다

헐값에 장기 임대받은
무수한 계절이여,

10월에는 태어나서 죄송하다고
친구에게 편지를 쓰다가 만다
마른 채 손끝에서 부서지는
지난해의 꽃잎 냄새를 맡는다

4

10월이야
누군가 귓가에 가만히 속삭인다

오늘 슬픔의 미결수가 되어
또 한 계절을 떠나보낸다

냉이꽃

여기 울밑에 냉이꽃 한 송이
저 혼자
누구 도움도 없이 피어 있다!

충청도 서산이나 전라도 벌교쯤에 사는
아들 둘 딸 셋 둔
시골 이모 같은 꽃!

어찌 저 혼자 필 수 있었을까.

한 송이 냉이꽃이 피는 데도
아주 많은 게 필요하다.

찬 이슬,
땅 위를 날개처럼 스치고 간
몇 날의 야밤과
녹색 이파리를 키워준 햇볕과
신의 아무 조건 없는 응낙,
그리고 우주적 집중의 찰나가

필요한 법이다!

무덤

나 죽으면
황토 언덕에 묻지 말라

저 언덕 소나무 아래에 앉아
무덤을 하염없이 바라볼 그대

나 죽으면
종달새 날아와 울고
바람 한 줄기 쉬었다 갈
그대 야윈 언덕에 묻으라

꽃나무 밑에서의 입맞춤

꽃은 피고요,

햇빛은 빛나고요,

검고 무거운 구두는
어디 그늘진 곳에라도 벗어놓고요,

꽃 피는 나무 밑에서
우리
입 맞추어요,

꽃은 지고요,

날은 저물고 말지요

서울에서의 편두통, 혹은 광주 생각하기

1991년 서울 5월, 도심에는 깃발 들고 행진하는 시위대와

방독면 쓰고 완전군장한 시위 진압대의 격전이

치열하다. 오늘 시가전의 전황은?

차단된 도로 양편으로 끝없이 꼬리를 잇고 정차해 있는 차 안에서

사람들은 바라본다, 화염병과 돌멩이들을,

진압 차량에서 쏘아대는 최루탄과 그 폭음을

악몽의 세월을 통과해나가는 자의

카메라로 그 피사체들을 찍는다. 흑백의 피사체로 남는 세월이여.

1991년 서울 5월의 풍경은 망각될 때까지 남을 것이다.

전두엽을 쇠꼬챙이로 쑤시고 들어오는 편두통!

연일 휘발유를 끼얹고 제 몸을 불사른 채 고층에서

뛰어내리는 젊은 목숨들, 검은 숯덩이로 산화하는 몸뚱이여.

밤하늘의 한가운데를 가르며 떨어지는 별똥별이라도 상상하리라.

거리에는 인공 중절 수술로 태어나지 못한 아이들과

본드로 환각에 빠진 채 포르노물에 눈을 박고 있는 저 철부지들!

나는 매캐한 최루탄과 피 냄새가 섞여 흐르는 거리를 지나간다.

몇 병의 맥주와 담배 연기 속에 흩어지는 망각과 방임의 나날들

애인들아, 잘 웃는 애인들아,

꽉 죄는 바지를 입고 거리를 활보하는 애인들아,

이 시대의 희망은 선정적으로 우리를 도발하고,

우리는 자주 웃으며 죽는다.

자동차가 빈 새벽 거리에 빗발을 튕겨내며 질주할 때

시위대와 시위 진압대가 물러난 거리를 점령한

침묵과 격전의 파편들! 저 돌멩이들과

우리의 볼품없이 일그러진 희망과 하찮은 휴식,

우리의 천박한 연애는 곧 끝날 것이다.

얼마를 더 가야 할까, 얼마를 더 가야 할까.

시멘트 바닥에 으깨어진 살덩어리와 흥건히 괴어 있는 피,

1991년 서울의 5월에 나는 성화聖化된 광주를 찾아낸다!

영안실마다 죽음들이 만원이다.

서울에서 광주를 바라본다, 광주는 이미 광주에 있지 않다.

광주는 저기 있다. 광주는 여기 있다.

광주를 기껏 죄의식의 기원으로 읽거나,

뇌수에 검은 콜타르처럼 달라붙은 역사의 채무로 받아들인

지금 이 순간 서울에서 편두통을 견디는 너는 누구인가.

얼마나 더 많은 피를 흘려야 할까.

얼마나 더 많은 죽음들이 필요한 걸까.

화강암 계단에 부딪혀 으깨지는 것 같은

내 편두통은 오늘도 안녕하다!

오, 다비여, 다비여,

노래가 채 되지 못한 노래 1

내 나이 스무 살이었을 때
내 꿈은 오직 하나
외항 선원이나 되어 세계를 떠도는 것이었지.

내 나이 스물하고도 한 살
내 꿈은 오직 하나
책을 벽처럼 쌓고 빈둥거리며 읽는 것이었지.

내 나이 스물하고도 여러 해 지나
내 꿈은 오직 하나
봉천동 달동네에 사글셋방이라도 하나 얻어
낡은 타자기로 몇 줄 문장이나 끼적이는 것이었지.

내 나이 서른하고도 일곱 해가 더 지나갔다.
오늘은 가을 아침이고
내게는 꿈이 하나도 남아 있지 않네.

공중에는 길이 없다, 아니 공중에는 길 아닌 데가 없다

이상하다, 자꾸 헛것이 보인다
식탁에 오른 생선들이 바다로 돌아가겠다고 보채고
공중에 날리는 꽃가루들이
저승에도 가지 못하고 떠도는 분신자살자의 혼령들 같다
세탁! 세탁! 하고 길게 발음을 끌며
세탁물 수거하러 다니는 젊은이의 목소리가 예사롭지 않다
집집마다 몇 구씩 있는 시체 내놓으라는 소리로 들린다

이상하다, 보이는 모든 것들이, 들리는 모든 것들이
약속이나 한 듯이 흉조의 신호로 해석되는 것이다

물은 부드럽게 모래톱을 핥고
벌 서는 아이처럼 선 오월의 나무들은
햇살 아래 조명을 받고 서 있는 듯한데,
오늘 아침 공중에는 길 없는 길 몇 줄기 또렷하건만
아, 나는 기어코 길을 잃고 말았구나!

내가 불면에 시달리느라 과민해진 것인가?

연립주택 신축하고 남은 공지에 자라는 잡풀들
어떤 잡풀은 꽃송이를 피워 작은 파라솔처럼 펴 들고 있다
(지금은 백화제방의 시절, 잡풀도 꽃을 피워내는?)
바람에 날아오른 검은 비닐 조각처럼 나비가 난다
나비가 날아가는 공중에는 길이 없다,
아니, 공중은 길 아닌 데가 없다

노래가 채 되지 못한 노래 2

차 몰고 가다가 느닷없이
강변도로를 벗어나 강물로 곤두박질하고 싶지는 않은지.

잠깐 동안의 소란,
잠깐 동안의 파문,

웅성이던 사람들 돌아가고 난 뒤
죽음과도 같은 고요,
강물은 다시 무심히 흐르고,

자립 능력 없는 어린 자식들 누가 거둘까,

내게 고뇌가 있느냐고 물어
나를 당혹하게 했던 친구여,

네 물음은
심심한 날의 스쳐 지나가는 우문이었다.

하품과 자기혐오와 나날의 피로가
나를 물어뜯고 놔주지 않는다,
내 고뇌는 자꾸 없는 고뇌를 만들어
괴로워하는 것이다.

봄날 저녁의 잃어버림, 혹은 떨굼

만년필을 잃어버렸다.
어디에서 잃어버렸는지 알 수가 없다.

신발이 낡아지면
발은 못 벗고 낡은 신발만 벗는다.

어리석다, 발마저 벗어야 할 때가 있으니
신발을 벗고
발을 벗고
마음마저 벗어놓고 가야 할 때가 있다.

어두운 언덕에 산벚나무꽃 한창일 때
몸 벗어나지 못한 마음만 꽃에 취한다.

산문

세라비
— 『붕붕거리는 추억의 한때』를 쓸 무렵

장석주
(시인)

1. 매일 이별하며 살고 있구나

 서른 살 무렵, 자전과 공전을 하며 우주 궤도를 도는 이 창백하고 아름다운 별에 산다는 사실이 낯선 실감으로 벼락같이 덮쳤다. 그것은 우주적 시간을 생생한 감각으로 느끼는 계기였고, 나를 화들짝 놀라게 한 실존 사건이었다.

 당신은 어쩌다 이 행성에 왔습니까?
 나는 모릅니다. 동일한 것의 영원한 회귀 속에서 우연이 빚은 사건이 아닐까요?

나는 잘 먹고 잘 살았다. 고요한 물속에 있는 것처럼 무사태평의 나날 속에서 잘 살았다. 서른의 나날은 단속적인 꿈을 꾸고, 이상한 행운이 연속되는 삶이었다. 주말엔 혼자 밥을 먹고 영화를 보고 돌아왔다. 저녁엔 재즈를 들었다. 그 희디흰 나날에 이마를 기대고 미래를 낙관했다. 어느 날 세상이 낯설어지며 인생이 불편해졌다. 무언가가 나를 저 바깥으로 떠미는 느낌. 이봐, 밀지 마, 자꾸 밀지 말라고! 봄에는 버드나무 가지의 푸른 잎을 고요한 봄비가 적셨다. 겨울 초입에는 북풍과 초빙이 몰려왔다. 해마다 아기들이 태어나고, 늙은 자들이 죽었다. 음모를 꾸미는 자들은 음모에 몰두하고, 배신의 습관을 가진 자들은 배신에 열심이었다. 그리운 것은 멀리 있어서 그립고, 가까이 있는 것은 가까이 있어서 염증을 돋게 했다.

그해 가을, 나는 혼자 창경궁을 찾았다. 활엽수들은 울긋불긋 단풍이 들었다. 정적과 가을의 볕이 고운 단풍 위에서 빛났다. 왕의 정원을 거닐면서 내가 잃어버린 게 있다는 걸 알았다. 조선왕조 일가의 정원에서 내가 잃어버린 게 무엇인가를 떠올려보는 동안 기이한 혼돈이 나를 감쌌지만 그것이 무엇인지는 짐작조차 할 수가 없었다. 내가 잃어버린 것을 유실물 보관소에서 찾을 수 없다는 것은 분명했다. 살다 보면 그런 순간이 온다. 뒷덜

미가 서늘해지는 순간. 어제의 나와 오늘의 내가 달라졌다는 시차時差의 느낌, 내 안에서 무언가가 근본적으로 뒤틀리기 시작한다는 감각, 그 속에서 존재의 형질 변화를 실감하는 순간이 오고야 만다. 나는 낙관적일 수가 없었다. 지구가 운행을 멈추지는 않았지만 불안이 나를 덮쳤다. 나는 행복을 연기하던 무대에서 내려왔다. 과연 사는 것은 기쁨이 솟아오르는 샘일까? 어쨌든 내가 마신 샘은 멀쩡했다. 그런데 오늘 아침에 마신 그 샘물은 써서 목구멍으로 넘길 수가 없었다. 나는 입안 가득한 그 쓰디쓴 것을 뱉어냈다.

서른 무렵의 시는 '미궁'의 경험에 기초한 것이었다. 내 서른의 시는 좋든 싫든 서른의 기쁨과 슬픔, 서른의 막막함과 패배, 서른의 불안과 가망 없음에 가느다란 끈으로 이어진 것이다. 경험을 바탕으로 상상력을 발효시킨다고 모든 시가 경험을 추수하는 것은 아니다. 아주 가끔 시는 현실에 앞서서 경험을 선취한다. 놀랍지만 어떤 시는 미래에 먼저 가 닿는다. 미경험을 청취하는 시. 현실을 앞지를 때 시의 예언성이 도드라진다. 「미궁」이란 시를 빌려서 내 서른의 얘기를 펼치려고 했다. 그런데 이 시의 창작 시기와 관련해서 내 기억에 착오가 있었다.

> 길 없네
> 갑자기 길들 사라졌네
> 얼굴 다친 나
> 가슴 없는 나
> 얼어붙은 구두를 신고
> 미궁에 빠졌네
>
> 길 없네
> 갑자기 길들 사라졌네
> 내 앞에 검은 노트
> 하얀 나무가 자라는 검은 노트
> 나는 읽을 수 없네
> 나는 미궁에 빠졌네

―「미궁」* 전문

「미궁」이란 시가 『붕붕거리는 추억의 한때』에 실렸다고 믿어 의심치 않았다. 하지만 막상 시집 교정지를 받아 들고 차례에서 그 시를 찾지 못해 당황했다. 어, 왜 이 시가 없지? 당연히 있어야 할 자리에 시가 없었는데, 이 시는 『크고 헐렁헐렁한 바지』에서 찾아냈다. 기억의 착오 때문에 당황한 것이 아니다. 나는 '미궁'을 살아내

* 장석주, 『크고 헐렁헐렁한 바지』, 문학과지성사, 1996; 2022.

면서도 시가 내 삶과 인식을 온전하게 중재하지 못했다는 점에 당황했다. 『붕붕거리는 추억의 한때』의 시를 쓰던 무렵 나는 '미궁'에 빠진 채 전전긍긍했다. '미궁'이란 불확실성의 강력함으로 겪는 장소 경험이고, 또한 그것은 불투명한 시간과 포개진 장소다. '미궁'과 싸우며 '나'를 소비하고 있었는데, 결과적으로 보자면 「미궁」은 내 경험보다 한참 뒤늦게 온 시다.

감히 내 시는 지혜나 깨달음을 추구하지 않는다. 그렇다고 존재 원리의 탐구나 도덕 입문도 아니었다. 제발 가르치려고 하지 말 것! 시는 삶을 모방하지 않는 목소리, 내적 쇄신의 기쁨과 기표를 실어 나르는 목소리일 뿐. 다만 쓰기와 읽기의 한 종류일 뿐. "일상의 삶 한가운데서 행해지는 한가한 활동" 또는 "대수롭지 않은 놀이"*일 뿐. 시는 길[경험]에서 만난다. 길은 표면이 아니라 심연이고, 필연이 아니라 우연의 일이다. 나는 두려운 눈길로 폭풍과 해일이 오는 통로, 우리를 덮치는 지옥, 메시아를 만나는 시간, 저 영혼의 야전 진료소를 바라본다. 한 철학자가 '아모르 파티; 네 운명을 사랑하라!'고 속삭인다. 시는 내 운명이다. 시를 운명으로 수납하자 내 안에 덩어리로 뭉친 것이 밖으로 쏟아지며 길이 펼쳐진다.

* 프랑시스 퐁주, 『비누』, 이춘우 옮김, 인다, 2021, p. 245.

길을 잊는 자들은 나중에는 걷는 법조차 잊는다. 우리보다 앞서 걸어간 존재 이동의 경로. 길은 밖에 있지 않고, 우리 안에 있다. 우리 현존 안에 여러 겹으로 구겨진 채로 있다. 끝내 탈피를 하지 못하는 자들은 길에서 도태해서 사라진다. 거짓과 유언비어가 난무하고, 도태와 살육이 일어나는 길에서 공중도덕을 배우고 개인의 윤리학을 완성한다. 그 완성이란 얼마나 먼가. 그것은 태어난 사람과 앞으로 태어날 사람 사이에 가로놓인 도무지 가늠할 수 없는 카오스다.

길은 내가 간 길과 가지 않은 길 두 종류뿐이다. 좋건 나쁘건 길은 통과제의의 계기이고, 생명을 기르고 돌보는 대지 모신의 자리이며, 하나의 기원을 가진 문명과 자본이 퍼져 나가는 경로다. 우리는 그 길에서 험한 날씨와 나쁜 운명을 견디면서 하나의 현존을 빚는다. 항상 길에서 자기동일성을 유지하고 그 동일성을 깨려고 분투하는 자! 나 아닌 것을 밀어내면서 나라는 정체성을 지키려는 타자, 그것이 나다. 지난 시를 다시 읽어보니, 나는 나의 지옥이었구나!

한 청년 가객이 서른 무렵을 노래한다. 매일 이별하며 살고 있구나. 그는 죽었지만 그의 노래를 들을 때면 묽은 슬픔 속에서 '서른 무렵은 누구나 그렇구나!' 하고, 공감한다. 산다는 것은 집, 벗과 가족, 사회 환경과 매일 이별하는 행위다. 우리는 매일 이별한다. 우리는 이별의 안과 바깥 사이에 존재한다. 문밖으로 걸음을 내딛는 순간, 우리는 늘 '나는 어디로 가는가?'라고 묻는다. 우리는 무수한 길을 걷고, 그 경험을 축적하는 가운데 나이테를 늘린다. 걷는 법을 잊지 않으려고 걷는다. 걷지 않으면 길은 사라진다. 벗들이여, 함께 걷자. 오래 걷더라도 길을 걷는 법을 잊지 않도록 하자.

2. 서른 중반을 지나며

삼십대 내내 무리가 아닌 단독자의 길을 걸었다. 혼자 과속방지턱을 넘으며, 내 길을 걸었다. 혼자 걷자, 세상의 끝에 닿아서 혼자 춤추자! 나는 곰팡이처럼 작고 보잘것없는 존재. 조용히 포자를 퍼뜨리며 겨우 존재하는 것의 영역에서 꿋꿋해지자. 돌연 '불의 연대'가 막을 내리고 낯선 시대가 펼쳐졌다. 일찍이 겪지 못한 '혼돈의 연대'였다. 내 삶은 큰 굴곡과 변화의 커브 속에서 휘청거렸다. 소규모의 삶과 계획들, 개인주의, 찢긴 자아와 대면하는 것, 고통에 대한 탐색, 내면의 질병들이 내 관심이 되었다. 시의 보편적 가치, 역사와 시대정신 따위는 절박하지 않았고, 오히려 시적 상상력이 확장성을 잃고 화석화되는 것, 도덕과 당위에 갇히는 걸 경계했다. 체험의 역동성에서 시적 계기를 찾을 것, 동아시아의 심원성을 품을 것, 풀같이 번져 나갈 것, 개별성의 격류로 보편성을 집어삼키고 침수시킬 것, 오직 그럴 때만 시가 감각을 쇄신하는 기쁨을 가져다줄 것이라고, 나는 믿었다. 하지만 이데아로 꿈꾼 것과 실제 창작하는 시의 괴리 속에서 내 시는 거칠고 볼품없이 졸렬했다.

비바람 치는 역사와 개별자의 체험이라는 토대에 뿌리를 뻗으며 울울창창해질 수 있다면, 그게 최선일 테지만 우리 시는 편협과 졸렬성에 머물고 있었다. 우리에겐 『오디세이아』도, 『길가메시』도 없었다. 우리 의식과 정서는 유교 문화의 유습과 남방 도작稻作 문화가 버무려진 궁핍과 전근대를 견디고, 근대 이후 뼈아픈 망국과 식민지 체험, 전쟁, 혁명과 군사독재를 거치면서, 겨우 조악한 공산품을 세계시장에 내다 팔면서 이룬 개발도상국의 수준에서 벗어나지 못한 단계에 머물렀다. 우리 시가 전근대와 봉건주의, 수구적 폐쇄성, 피침의 역사가 강제한 상처와 트라우마라는 제약 속에서 배태된 채로 슬픔과 한을 내면 형질화하면서 세계문학 주변부에 편입되었을 뿐이라는 건 누구나 아는 일이다. 영어 제국주의를 견딜 만한 내구성도 없이, 그저 변방의 부족 언

어로 일군 소규모 지역주의 문학에 머물 뿐, 그것을 성큼 뛰어넘는 일은 요원했다. 나는 이런 근대문학사의 끄트머리에 끼여 벽에 머리를 찧으며, 겨우 시 줄을 끼적였을 뿐이다. 새로운 도약을 위해서 오리엔탈리즘의 착시에서 벗어나고, 그다음에 우리 독자적 상상력에 바탕을 둔 '고난의 연대기'를 써낼 것, 나와 세계, 일인칭과 삼인칭, 객체와 주체를 끌어안는 무의식의 화엄 세계를 탐색할 것!

서른 중반쯤 인생이 묘하게 꼬였다. 기분 나쁜 느낌이 질병처럼 덮쳐 왔다. 출판사의 재정 상태는 괜찮았고, 대인 관계도 나쁘지 않았다. 날마다 실내 풀장에 나가 수영을 하며 단련한 적당한 근육 덕분에 건강도 좋았다. 베개에 머리를 얹으면 악몽도 없이 단잠을 잤다. 숙면을 취한 아침, 머리는 맑았다. 어느 날 깨어났을 때 웬일인지 23.5도 기울어진 지구의 축이 더 기울어진 느낌이 들었다. 그것은 불행을 예고하는 전조前兆였다. 모든 게 미세하게 어긋나기 시작한 것은 그 찰나부터였다. 식욕이 줄고, 소박한 취향에서 얻던 작은 기쁨이 증발했다. 사람도 일도 마뜩잖아 자주 짜증을 냈다. 간발의 차이로 지하철을 놓치거나, 운전 중 경미한 접촉 사고를 일으켰다. 사소한 불운이 겹쳐서 일어나며, 소진된 느낌, 세포들의 끝이 닳아서 나달나달해진 느낌, 뼛속 진액이 빠져나간 느낌이 이어졌다. 건강에 이상이 생긴 건가. 종합병원에 가서 환복을 한 뒤 혈압을 재고, 검사실을 돌면서 피를 뽑아 혈액검사를 하고, 위와 대장 내시경을 하고, 간 수치와 심전도 등을 정밀하게 체크했다. 건강에는 이상이 없었다.

어느덧 봄이 돌아와 있었다. 여의도 윤중로의 벚꽃이 개화해서 날은 화사하건만 마음은 회색빛이었다. 남은 인생이 내 뜻대로 되지 않을 것이란 예감은 또렷해졌다. 강물을 따라 나는 흘러가고 하릴없이 나이를 먹을 것이다. 머리숱이 줄고 뱃살은 늘고, 벗들은 하나씩 멀어지고, 기억력은 퇴색하겠지. 프랑스어 학습은 진도가 나가지 않았다. 신앙의 기쁨은 퇴색했다. 그리스와 크레타 섬으로의 여행, 먼 고장에 대한 동경, 이마가 반듯한 아들을 키우겠다는 꿈, 무엇보다도 시를 쓰는 기쁨을 잃었다. "신성한 잉크와 부드러운 종이로 만든 첫번째 책이 나오는 그 순간이란, 아름다운 날갯짓과 황홀하게 만개한 꽃의 소리에 도취된 무아지경의 시간"(파블로 네루다)이 내게서 사라졌다.

번민은 늘고 황야의 조류처럼 인생이 팍팍해질 거란 불길한 예감이 떠나지를 않았다. 경기도 북부의 한 암자에 들어가 한 주일을 머물다 왔다. 스님 둘과 절집 살림을 도맡은 보살, 보살의 어린 아들이 전부인 절집 살림 규모는 조촐했다. 계곡 쪽으로 절에 딸린 가옥이 있었는데, 거기 방 한 칸을 얻어 지냈다. 그곳에는 몇 해째 대학 입시에 매달리는 늙은 수험생도, 사법 고시에 낙방한 뒤 9급 공무원 시험으로 방향을 바꾼 법대 졸업생도 있었다. 어둠이 내린 뒤 그들은 랜턴을 들고 산 아래 동네로 내려가 맥주나 소주를 마시고 돌아왔지만 나는 그 무리에 끼지 않았다. 계곡 물소리가 들리는 방에서 혼자 책을 읽거나 명상을 했다. 어쨌든 나는 한 주일을 채운 뒤 짐을 싸들고 산사를 나왔다.

세상에서 내가 본 것은 아픈 사람과 아프지 않은 사람들,
살아 있는 것들의 끝없는 괴로움과
죽은 것들의 단단한 침묵들,
새벽하늘에 떠가는 회색의 찢긴 구름 몇 장,
공복과 쓰린 위,
어느 날 찾아오는 죽음뿐이다.

말하라 붕붕거리는 추억이여,
왜 어떤 여자는 웃고,
어떤 여자는 울고 있는가.
왜 햇빛은 그렇게도 쏟아져 내리고
흰 길 위에 검은 개는 어슬렁거리고 있는가.

구두 뒷굽은 왜 빨리 닳는가

아무 말도 않고 끊는 전화는 왜 자주 걸려 오는가

왜 늙은 사람은 배드민턴을 치고

공원의 비둘기 떼는 왜 한꺼번에 공중으로 날아오르는가

—「붕붕거리는 추억의 한때」* 전문

서른 중반에 나는 늙고 지쳤다. 인생이 주단 깔린 계단을 오르는 게 아님은 눈치 채고 있었지만 한 알의 모래에서 세계를 보고, 한 송이 들꽃에서 천국을 보지는 못했다.** 나는 총명을 잃은 채 방황했다. 마약이나 황음 따위로 젊음을 탕진하지는 않았지만 서른 중반에 잘못 살았다는 회한은 대책 없이 깊어졌다. 추억이 붕붕거릴 때 척추를 거머쥔 것은 삶의 괴로움과 공허감이었다. 나는 푸른빛으로 반짝이는 별들에 대해, 햇빛과 들판의 작물에 대해, 저 먼 곳에서 자란다는 불멸의 푸른 나무에 대해, 봄풀에 대해, 여름 햇빛을 받아 반짝이는 황금빛 잎사귀에 대해, 저토록 아름다운 장밋빛 황혼 아래 가없는 바다에 대해, 아무것도 쓸 수가 없었다. 다만 죽는 것과 죽어갈 것들에 대해, 햇빛이 쏟아지는 길에 어슬렁거

---

* 장석주,『붕붕거리는 추억의 한때』, 문학과지성사, 1991; 2022.
** 윌리엄 블레이크의 시「순수의 전조」에서 가져온 구절.

리는 개에 대해, 동네 공터에서 배드민턴을 치는 늙은 사람에 대해, 공중으로 한꺼번에 비상하는 비둘기 떼에 대해서 겨우 몇 자 쓸 수 있었다.

미다스 왕이 그의 시종 실레노스에게 인간에게 가장 좋은 게 무엇이냐고 물었을 때, 실레노스는 그것이 태어나지 않는 것이며 존재하지 않는 것이고 무로 존재하는 것이라고 말한다. 온갖 죄와 고난으로 얼룩진 이 지독한 생에 대한 염증이라니! 생에 대한 염증을 가진 자는 필경 허무주의와 환멸에 빠진다. 우리 모두가 허무주의라는 종교를 맹신하고 있을 때 나타난 창조하는 자, 수수께끼를 푸는 자 자라투스트라는 이것을 극복하고 "저 너머"를 향해 달려간다. 그는 "저 너머"에서, 벅찬 환희 속에서 정오라는 시각을 바라본다. "나의 아침이다. 나의 낮의 시작이다. 솟아올라라, 솟아올라라, 너, 위대한 정오여! 위대한 정오는 신이라는 인간의 그림자가 완전히 사라지는 시간이라는 점에서 위버멘쉬의 시간이다. 모든 오류가 사라지는 시간, 그리고 태양이 가장 많은 에너지를 베푸는 시간, 그것이 정오다. 그러나 그 시간은 위버멘쉬가 되지 않고서는 경험할 수 없는 시간이다"(니체, 『자라투스트라는 이렇게 말했다』). 정오 이전은 오류의 시간, 거짓말이 진리를 가장하던 시간이라면 정오는 "그림자가 가장 짧은 시간, 가장 길었던 오류의 끝, 인류의 정점"(니체, 『우상의 황혼』)이다. 하강의 영역인 어둠으로 끌어당기는 중력의 악령을 뿌리치고 맞는 정오의 행복, 벤야민이 "메시아적 순간"*이라고 부른 시각이다.

빛의 상승이 정점에 도달하는 정오, 그것은 무오류의 시각, 진리의 시각이다. 니체는 "오류는 맹목이 아니다, 오류는 비겁이다"라고 단언한다. 정오는 아주 고요하게 주체를 감싸고, 주체는 돌연한 휴식 욕구에 사로잡힌다. 많은 이들이 정오에 도달하기 전 지쳐서 정오에 대한 기다림을 포기한다. 정오에 태양은 가장 높은 곳에 위치하고, 가장 빛난다. 머리 위에 온 태양이 가장 많은 빛을 뿌리는 시각, 오류의 그림자가 가장 짧게 드리운 진리의 시각, 그리하여 정오는 밤의 퇴락과 완전히 결별한 뒤 만나는 자기 극복의 시각, 새로운 삶에 대한 거룩한 긍정에 도달하는 위대한 시각이다.

대지는 완전히 열려 있고, 몰락과 하강의 어둠 속에서 그 대지 위로 돌연 솟구쳐 올라오는 정오는 빛의 진리로 충만하다. 이 정오를 기쁨 속에서 맞으려면 우리는 조용히 있어야만 한다. 정오는 가장 조용한 것, 고요 그

---

* 알렌카 주판치치, 『정오의 그림자』, 조창호 옮김, 도서출판 b, 2005, p. 155에서 재인용.

자체이기 때문이다. "가장 작은 바로 그것, 가장 조용한 것, 가장 가벼운 것, 도마뱀의 바스락거림, 숨결 하나, 한 순간, 눈빛 하나—작은 것이 최고의 행복을 만든다. 조용!"(『자라투스트라는 이렇게 말했다』). 나는 소란스러웠다. 아직 정오를 맞기 위한 준비가 덜 되어 있었던 거다. 정오란 나약한 정신을 단숨에 삼켜버리는 무시무시한 심연이다. 그러므로 정오를 견디고 영접하려면 단련된 정신이 필요하다.

3. '붕붕거리는 추억의 한때' 이후

1992년 12월 30일, 서울구치소에서 나왔습니다. 구치소에는 두 달 있었지요. 다시 새해가 오고, 나는 제주도에 혼자 내려갔습니다. 파도 소리가 고막 가득 차오르던 그 겨울이 왜 이토록 잊히지 않을까요. 서른 해 전이니까, 그 시절엔 우산 고치는 사람, 땜쟁이, 방물장수, 굴뚝 청소부, 칼 가는 것을 업으로 삼은 사람들이 있었지요. 지금도 주정뱅이, 허풍쟁이, 사기꾼들은 있지만 앞서 언급한 직업군은 거의 사라졌지요. 그들은 다 어디로 갔을까요?

아직 삼십대였으니 한창 피의 기운이 뻗치는 나이로 작

은 출판사를 꾸릴 때 국세청 세무조사를 받았지요. 1980년대 후반 서울 강남에 식구와 살 집을 마련하고 출판사 사옥을 지은 직후였지요. 어느 날 들이닥친 국세청 직원들이 출판사의 업무 자료를 몇 상자나 수거해 갔습니다. 출판사 다섯 군데가 동시에 세무조사를 받았더군요. 대기업들에 견주자면 매출 규모가 구멍가게나 다름없는 출판사 세무조사라니 의아한 일이었지요. 한 달 뒤 쯤 징벌성 세금 고지서가 날아들었습니다. 그 세금을 내려고 강남의 2층 양옥을 급하게 팔았습니다.

어느 날 프랑스 어학원에 등록하고 프랑스어 기초 교재를 구입했지요. 공원과 도서관이 있는 낯선 이국의 소도시에서 살아보고 싶었어요. 헌데 불행은 늘 겹쳐 오더군요. 그해 출판사에서 펴낸 소설이 세간을 떠들썩하게 한 필화 사건으로 비화되어 M교수와 함께 구속되었습니다. 두 달 동안 구치소에 수감되었다가 나왔지요. 세모 분위기로 들뜬 12월 30일 늦은 오후, 서울의 남쪽 청계산 쪽 하늘은 잿빛으로 때맞춰서 푸슬푸슬 쌀가루 같은 눈가루를 뿌릴 듯했는데, 구치소를 나와 하얀 두부를 한 입 베어 먹었습니다.

새해가 오고, 세면도구를 챙겨 제주도로 내려왔습니다. 제주도에서 딱히 할 일은 없었어요. 대중가요를 작곡

하는 서귀포의 한 지인이 방 한 칸을 내준다고 해서 머리를 식힐 겸 내려온 것이지요. 일제강점기 때 제분 공장으로, 해방 뒤엔 권투 도장으로 썼다는 큰 부속 건물이 있었는데, 그 옆에 딸린 작은 방에서 묵었어요.

마당 끝은 절벽이고, 그 아래는 바다였어요. 6·25 때 많은 이들이 절벽 아래로 떨어져 죽었답니다. 밤새 허공에 메아리치는 파도 소리가 원귀의 통곡 같았지요. 낮에는 서귀포를 한가롭게 기웃거리거나 영화를 보고 돌아오고, 저녁에는 지인 식구와 한 상에서 밥을 먹은 뒤 지인이 기타를 치며 노래를 부르는 동안은 가만히 눈을 감고 들었어요. 그가 탁성으로 부르는 「파랑새」라는 노래에 귀 기울이다가 한밤중 제분 공장 옆방으로 돌아와 잠을 청했지요.

폭설이 내린 날, 소설가 K가 서울에서 제주도에 내려왔습니다. 적설로 차량 통행이 통제되어 K는 공항에서 발이 묶였습니다. 중천에 해가 솟자 도로에 쌓인 폭설이 감쪽같이 녹아 사라졌어요. 마술을 부린 듯 제주도를 남북으로 가로지르는 도로에는 눈 한 점 없었지요. 서귀포로 건너온 K와 저녁을 먹었는데, 그날 무슨 얘기를 나눴는지는 기억이 나지 않습니다. 유쾌하고, 말재간이 뛰어난 K가 제주도 입도 이틀만에 무료하다고 서울로 돌아가고 나는 서귀포에서 한가로운 날들을 이어갔지요. 우울하거나 절망에 빠지지는 않았지만 아주 심심하게 겨울을 견디던 그 제분 공장 옆방에서 나는 전업 작가로 살자는 결단을 내렸어요. 그건 밤마다 고막에 퍼부어지던 파도 소리 때문일 겁니다. 그 뒤 일은 다시 기억하고 싶지 않습니다. 가정이 풍비박산이 나고, 사업은 공중분해되었지요. 아내는 예고 없이 가출하고, 슬하의 아이들은 방황을 했습니다. 그렇게 추락을 겪고 시름을 견디던 한 시절이 있었지요. 그때부터 지금까지 전업 작가로 풍찬노숙의 삶을 견디고 살았지요.

정치가로 입지를 굳힌 K가 티브이 뉴스에 가끔 나왔지요. 세월이 흐른 뒤 서귀포의 지인은 간혹 전화를 했지요. 그는 자주 술에 취한 채 연락을 했는데, 그간 서귀포의 살림을 작파하고 서울로 올라와 산다고 했어요. 이혼한 눈치였는데, 그건 사생활의 영역이니 더 캐묻지는 않았습니다. 외동딸이 서울의 한 사립대학을 다닌다고 했습니다. 어느 때부턴가 연락이 뚝 끊겼는데, 알고 보니 암 투병을 하다가 죽은 겁니다. 그의 외로움을 미처 헤아리지 못한 내 무심함을 자책했습니다만 그 시간은 길지 않았어요. 변명하자면, 나 역시 인생의 가파름에 허덕이며 제 앞가림을 하기에도 바빴기 때문이었지요.

도처에서 밀레니엄의 시대가 온다고 호들갑을 떨던 그해 서울 살림을 접고 경기 남단으로 내려왔지요. 너구리가 출몰하고, 칠흑의 어둠 속에서 고라니들이 날카로운 소리로 울부짖었지요. 나는 삽살개와 진돗개를 기르고, 봄에는 모란과 작약이 꽃 피기를 기다리며, 여름에는 모시 옷을 입고 소도시의 냉면집에 가서 냉면 한 그릇을 사 먹고 들어왔습니다. 『장자』와 『도덕경』 따위를 꾸역꾸역 읽은 것도 그 시절을 평탄하게 보내기 위한 방편이었지요. 가을엔 바람이 저수지 물을 밀고 나가는 것을 보거나 바지런히 빨래를 해서 빨랫줄에 내다 걸고 마르기를 기다렸습니다. 다림질을 잘하는 애인을 그리워하며 허랑허랑 세월을 보냈습니다. 시골에 고립된 채로 약간의 분노와 약간의 슬픔과 약간의 외로움을 쏟아 빚은 시가 「시골로 내려오다」입니다.

당신의 정부는 더 이상 내 정부가 아니다 나는 당신을 버렸다 내게 이래라 저래라 명령하지 말라! 이제부터 당신의 경전은 더 이상 유효하지 않다 내가 지켜야 할 계율은 내가 만든다 당신을 떠나면서 점집에 갔더니 구설수를 조심하라고 한다 구설수란 누구에게나 붙는 국민연금이거나 지방세 같은 것이다

당신을 버렸지만 길까지 버릴 수는 없었다 무릇 길들이

란 땅 위에 세운 당신과 나의 유적이다 타클라마칸 사막에서는 하루에도 몇 번씩 길이 바뀐다 길 없는 길 위에 서서 새 길을 꿈꾼다

끼니때가 되면 쌀을 씻어 안치고 밥물이 끓는 동안엔 슬하의 것들을 돌보아야 일과는 매우 신성한 것이다 밥때가 되면 밥을 먹고 잘 때가 되면 눈을 붙인다 고립은 그것을 능동적으로 받아들인 자에겐 고립이 아니다 심심한 큰 개가 희디흰 햇빛 속에서 저보다 몸집이 작은 강아지의 목덜미를 물고 마구 흔들어댄다 어디에서나 힘없는 것이 속수무책으로 당하게 되어 있다

노란 수박 밑에 엄지손톱만큼 작은 수박이 매달렸다 지금 이 순간에 부화하지 않은 것들은 끝내 부화하지 못한다 올봄에 심은 나무 중에 석류나무가 가장 늦게 잎을 피워낸다 저수지 바닥이 다 드러나도록 비가 없다 벌써 용솔 묘목의 반이 벌겋게 잎이 말라죽었다 물의 문하에 들어선 자에게 이보다 더 큰 실망은 없다 나는 절망함으로써 절망을 채찍질하며 절망을 건너갈 것이다 너무 크게 상심하지 않기로 한다

이 순간을 살지 못하는 당신에겐 삶이 없다 이 순간에도 당신은 당신이 알지 못하는 곳으로 흘러가고 있다 내

전생은 라마승이었으니 마흔 너머부터는 라마승의 삶의 길을 갈 수밖에 없다 큰 불편을 냉큼 받아들였더니 마음의 작은 불편들이 입을 다문다 시골에 오니 비로소 희망이 있었다

—「시골로 내려오다」* 전문

서귀포에서 짧게 보낸 겨울이 지났습니다. 시골로 내려와 "끼니때가 되면 쌀을 씻어 안치고 밥물이 끓는 동안엔 슬하의 것들을 돌보아야 일과"를 잇는 평탄한 날들이 이어졌습니다. 한때나마 영농 후계자를 꿈꾸며 노각나무 묘목과 소나무 묘목 몇천 그루를 나무 시장에서 구해다가 식재를 했으나 원대한 영농인의 꿈은 뜻대로 되지 않았습니다. 그해 가뭄이 닥쳐 묘목이 다 말라 죽는 바람에 영농인의 꿈은 어그러져 가망 없는 것이 되었습니다. 벗들과 푼돈을 걸고 주말 밤을 새우던 포커 게임도 끊고, 알코올이나 대마초 같은 나쁜 습관에도 빠지지 않았습니다. "내 전생은 라마승이었으니 마흔 너머부터는 라마승의 삶의 길을 갈 수밖에 없다"라고 중얼거리며, 새벽에 차를 끓이고, 문맹이었음에도 큰 깨달음을 얻은 육조 혜능 선사 이후의 선禪 수행자들 행적을 더듬으며 머리를 찧곤 했습니다.

* 장석주, 『물은 천 개의 눈동자를 가졌다』, 그림같은세상, 2002.

자주 산 능선길을 걷고, 소도시의 외곽에 덩그러니 서 있는 시립 도서관에서 빌린 책을 읽고 몇 문장을 끼적였지요. 읽고 쓴 책들의 목록이 길어진 것은 그 덕분이겠지요. 외로운 인간은 짐승이거나 거의 신입니다. 짐승이나 신을 교도소에 보낼 수는 없을 테니까, 나는 두 번 다시 교도소에는 가지 않았습니다. 세월이 흐르며 뇌의 회백질 부피는 줄고, 성욕과 기억력도 줄었지요. 이제 튤립꽃처럼 화사한 여자도 무심히 봐 넘깁니다. 지금은 정수리께 귀밑머리가 하얗게 세고, 속절없이 흐르는 세월에 고요하게 순응할 뿐입니다. 누군가 그랬지요. 인생에 승리는 없습니다. 오직 극복만이 전부인 것을!

세라비 C'est la vie라고 중얼거립니다. 이게 인생인 거지요! (2022)